Hapag, Hamburg

(Hamburg-Amerika Linie)

Personen- und Güter-Beförderung nach allen Teilen der Welt

Hamburg – Southampton, Cherbourg – New York
Hamburg – Boulogne s. M., Southampton – New York
Hamburg – Boulogne s. M., Southampton – Boston
Hamburg – Philadelphia
Hamburg – Baltimore
Hamburg – New Orleans
Hamburg – Norfolk und Newport News
Hamburg – Kanada
Hamburg – Boulogne, Southampton, Coruña, Vigo, – Brasilien
Hamburg – Leixoes, Lissabon – Argentinien
Hamburg – Antwerpen, Havre, Southampton, Bilbao, Santander, – Cuba
Hamburg – Gijon, Coruña, Vigo, Malaga, Cadix – Mexiko
Hamburg – Westindien
Hamburg – Westküste von Nord-, Zentral- und Süd-Amerika
Hamburg – Afrika
Hamburg – Ostasien Frachtdienst (Hinterindien, China, Japan usw.)
Hamburg – Indien (Vorderindien, Ceylon usw.)
Hamburg – Sibirien
Hamburg – Rotes Meer u. Persische Golf-Häfen
Stettin – New York – Boston
Emden – New York
Emden – Argentinien
Emden – Ostasien
Genua – Neapel – New York
Genua – Argentinien

New York – Panama, Costa Rica, Hayti, Jamaica, Cuba, Columbia, Nicaragua (Atlas-Dienst).
New York – Brasilien.
Riviera-Dienst (von Genua nach San Remo, Mentone, Monaco, Nizza, Cannes).
Seebäder-Dienst (von Hamburg nach Cuxhaven, Helgoland, Amrum, Föhr, Sylt, Norderney, Borkum, Juist, Baltrum, Langeoog, Wangerooge).
Rhein-Dienst (von Hamburg nach Rheinhäfen mit Umladung nach Süddeutschland).

Vom 1. Oktober 1914 an regelmäßiger monatlicher Passagier-Dienst nach

Ostasien

mit erstklassigen Passagierdampfern
von Hamburg über Antwerpen, Southampton, Gibraltar, Algier, Genua und Neapel nach Port Said, Suez, Aden, Colombo, Penang, Singapore, Hongkong, Shanghai, Tsingtau oder Nagasaki, Kobe (Hiogo) und Yokohama.

Vergnügungs- und Erholungs-Reisen zur See

mit zu diesem Zwecke eigens hergerichteten Dampfern

Reisen um die Welt Indienfahrten Orientfahrten	Mittelmeerfahrten Nordlandfahrten Islandfahrten	Westindienfahrten Süd-Amerika-Fahrt Nilfahrten

Der Verbindung Hamburg – Southampton – Cherbourg – New-York dienen die beiden größten Schiffe der Welt

Imperator (in Dienst gestellt seit Juni 1913) und **Vaterland** (in Dienst tretend Frühjahr 1914)

Länge 280 m (919 Fuß). Breite 30 m (98 Fuß). Tiefe 19 m (63 Fuß). 52 000 Tons Rauminhalt.

Prospekte unentgeltlich und portofrei.

Hamburg-Amerika Linie, Abteilung Personenverkehr. **Hamburg.**

Bibliothek der Schiffstypen

Claus Rothe

Deutsche Ozean-Passagierschiffe

1896 bis 1918

Steiger

Der Autor dankt folgenden Personen
und Institutionen:

Wilhelm Beulke, BRD; Dr. Achim Borchert, BRD; Chris Dekker, Niederlande; Wolfgang Fuchs, BRD; Michael Grima, Malta; Friedrich Hallwirth, Österreich; Karl-Heinz Heine, BRD; Martijn Nekkers, Niederlande; Peter Rebhahn, DDR; Albrecht Reinhold, DDR; Dietrich Strobel, DDR; Edward A. Wilson, Großbritannien; der Blohm + Voss Aktiengesellschaft; der Deutschen Afrika Linie, der Hamburg-Südamerikanischen Dampfschiffahrtsgesellschaft und der Hapag-Lloyd Aktiengesellschaft

CIP-Kurztitelaufnahme der Deutschen Bibliothek
Deutsche Ozean-Passagierschiffe. –
Moers: Steiger
(Bibliothek der Schiffstypen)
Teilw. mit Parallelt.: German passenger liners
NE: PT
1896–1918/Claus Rothe. – 1986.
ISBN 3-921564-80-8
NE: Rothe, Claus [Mitverf.]

Lizenzausgabe für den Steiger Verlag 4130 Moers 1986

Lektor: Ulrich Leopoldi
Gestaltung: Günter Nitzsche
Zeichnungen: Ralf Gierke
Printed in the German Democratic Republic
ISBN 3-921564-80-8

Inhaltsverzeichnis

PASSAGIERVERKEHR NACH NEW YORK IN DEN JAHREN 1897 UND 1906.

NAMEN DER DAMPFSCHIFFSLINIEN	ABFAHRTS-HAFEN	ZAHL DER ABFAHRTEN		KAJÜTE			ZWISCHENDECK	
				erste u. zweite	erste	zweite		
		1897	1906	1897	1906	1906	1897	1906
Hamburg-Amerika Linie . .	Hamburg	88	104	10 556*	13 494	16 018	15 270	128 811
Norddeutscher Lloyd	Bremen	112	95	12 589	12 796	23 992	24 542	101 936
Red Star Line	Antwerpen	52	58	4 493	3 609	9 501	10 557	64 631
Cunard Line	Liverpool	61	69	15 196	9 190	13 940	17 303	62 547
Comp.GénéraleTransatlantique	Havre	52	79	6 044	5 884	9 028	14 264	62 311
Cunard Line	Fiume	—	27	—	1 059	2 452	—	50 804
White Star Line	Liverpool	53	99	10 104	11 978	12 949	19 271	49 453
Norddeutscher Lloyd	Mittelmeer	37	33	2 607	2 770	5 570	15 873	47 459
Holland-Amerika Linie . . .	Rotterdam	34	45	2 792	3 868	10 215	8 676	42 981
Navigazione Generale Italiana	Mittelmeer	—	34	—	354	1 002	—	38 149
Fabre Line	Mittelmeer	29	39	22	237	—	11 374	33 165
Austro Americana Linie . . .	Triest	—	41	—	353	528	—	29 725
La Veloce	Mittelmeer	—	24	—	691	245	—	28 944
American-Line	Southampt.	53	52	14 443	5 786	8 328	11 322	26 611
White Star Line	Mittelmeer	—	15	—	1 285	2 893	—	25 960
Anchor Line	Mittelmeer	32	26	28	263	—	14 966	25 827
Hamburg-Amerika Linie . . .	Mittelmeer	5	23	310	1 207	1 757	2 053	24 402
Anchor Line	Glasgow	40	50	6 450	2 903	12 407	4 406	23 642
Lloyd Italiano Società di Navig.	Mittelmeer	—	14	—	204	—	—	19 969
Scandinavian American Line .	Kopenhag.	—	32	—	1 416	2 693	—	17 366
Prince Line	Mittelmeer	1	16	11	91	5	1 010	16 051
Compania Transatlantica . .	Mittelmeer	—	12	—	390	561	—	6 518
Russische Freiwillige Flotte .	Libau	—	5	—	25	—	—	5 207
Russ. Ostas. Dampfschiff.-A.-G.	Libau	—	5	—	142	106	—	2 563
Empreza Insulane de Navegaçao	Lissabon	12	2	126	33	—	958	750
Atlantic Transport Line . . .	London	51	48	1 820	3 499	25	—	102
Verschiedene		.	50	.	908	70	.	4 947
* Erste Kajüte ca. 5700, zweite ca. 4900 Passagiere □		901	1 097	90 932	84 435	134 285	192 004	940 831

Die Tabelle zeigt den hohen Anteil deutscher Reedereien am internationalen Passagierverkehr nach New York in den Jahren 1897 bis 1906.

Einführung

Im vorliegenden Band der Bibliothek der Schiffstypen soll ein Überblick über die Entwicklung der deutschen Ozeanpassagierschiffahrt vom Ausgang des 19. Jahrhunderts bis zum Ende des ersten Weltkrieges gegeben werden. Die zeitliche Begrenzung ergibt sich einerseits aus dem bereits erschienenen Band »Deutsche Ozean-Passagierschiffe 1850 bis 1895« von Arnold Kludas, andererseits bildet die Beendigung des ersten Weltkrieges den logischen Abschluß dieser Etappe deutscher Passagierschiffahrt. Aus der Vielzahl der einst im Dienst befindlichen Schiffe, die in der Zeit von Januar 1896 bis Dezember 1918 zum Bestand der deutschen Handelsflotte gehörten, gelangten 100 zur Auswahl. Sie werden in Bild und Text vorgestellt und sollen die technische Entwicklung innerhalb dieses Zeitraums dokumentieren. Besonderer Wert wurde dabei auf vergleichbare technische Angaben und informative Einzelheiten aus dem Einsatz des jeweiligen Schiffes gelegt. Die Auswertung des äußerst umfangreichen Materials zeigte nahezu bei jedem Schiff widersprüchliche Angaben. Genannt werden die Daten, die die höchste Genauigkeit versprechen; u. a. zeitgenössische Quellen, mehrfache Übereinstimmungen. Neben den reinen Passagierschiffen sind im Typenteil auch verschiedene kombinierte Passagier- und Frachtschiffe dargestellt. Dabei muß darauf hingewiesen werden, daß einige dieser Schiffe durch den Beginn des ersten Weltkrieges erst zu einem späteren Zeitpunkt zum Einsatz kamen. Die Angaben in der Literatur zur Zahl der Passagiere und der Besatzungsmitglieder unterliegen starken Schwankungen. Beispielsweise beförderten die Schiffe entlang der afrikanischen Küste neben Kajütpassagieren eine oft beachtliche Zahl nicht registrierter Deckspassagiere. Im Verkehr nach Europa war diese Art des Reisens jedoch generell verboten. Bei verschiedenen Schiffen wurden zeitweilig auch Frachträume zur Aufnahme von Zwischendeckpassagieren oder Truppen umgerüstet, was im Typenteil nicht berücksichtigt wurde.

Die repräsentative Auswahl deutscher Passagierschiffe jener Zeit wird chronologisch geordnet, entsprechend dem Zeitpunkt des Stapellaufs, vorgestellt. Von jedem Schiff werden die wichtigsten technischen Parameter aufgeführt. Die genannten Daten beziehen sich nahezu ausnahmslos auf den Zeitpunkt der Fertigstellung. Es folgt dann eine kurze textliche Erläuterung zu den markanten Ereignissen vom Stapellauf bis zum Untergang bzw. bis zur Abwrackung.

Im Interesse der Übersichtlichkeit ist diesem Band ein Register beigefügt, das sämtliche Namen der beschriebenen Schiffe enthält.

Das ausgehende 19. Jahrhundert war gekennzeichnet durch die territoriale Aufteilung der Welt unter die größten europäischen Länder. Das unter Fürst Otto von Bismarck geeinigte Deutschland entwikkelte sich seit 1871 schneller als die anderen europäischen Großmächte. Eine starke Flotte sollte Deutschland zur Erschließung neuer Absatzmärkte in überseeischen Ländern und zum Erwerb billiger Rohstoffe aus eigenen Kolonien dienen. Diese Ziele führten im kaiserlichen Deutschland zu einer Subventionspolitik großer Reedereien und zu forcierter Rüstung.

Nach den Angaben im »Jahrbuch für Deutschlands Seeinteressen« (Nauticus) von 1906 vergrößerte sich die deutsche Handelsflotte von 1891 bis 1899 um 276000 Tonnen. Der Buchwert der deutschen Handelsflotte betrug 1898 rund 400 Millionen Mark.

In Lloyd's Register of Shipping für 1899/1900 wurden für die Welthandelsflotte insgesamt 13637 Seeschiffe mit je 100 und mehr Tonnen aufgeführt. Davon hatte Großbritannien allein 6920 und die britischen Kolonien nochmals 917 in ihrem Besitz. Deutschland stand mit 1133 Schiffen an zweiter Stelle, gefolgt von Norwegen mit 779, Schweden mit 642, Frankreich mit 639, den USA mit 605, Rußland mit 456, Spanien mit 438, Dänemark mit 360, Italien mit 282, den Niederlanden mit 263 und Österreich-Ungarn mit 203 Seeschiffen über 100 Tonnen. Das Leistungsvermögen der Welthandelsflotte stieg von 1870 bis Anfang 1901 um rund 170%. Damit hatte sich die deutsche Flotte vervierfacht, die Großbritanniens verdreifacht, die Frankreichs verdoppelt und die der USA war unverändert geblieben. 1860 betrug der Anteil Deutschlands an der Welthandelsflotte nur 8,8%. Demgegenüber verfügte Großbritannien über 25,2%, Frankreich über 11,2% und die USA über 9,1% der Welthandelsflotte. Im Vergleich dazu betrug 1898 der Anteil Deutschlands 12,0%, Großbritanniens 17,1%, der USA 10,3% und Frankreichs 8,4% an der Welthandelsflotte.

Bei der deutschen Passagierschiffahrt verlief diese Entwicklung ähnlich. Insbesondere auf der Nordatlantikroute boten sich, neben dem anhaltenden Auswandererstrom, sichere Gewinnchancen für die Reedereien durch ein großes Frachtangebot. Den größten Teil davon bewältigten die 1847 gegründete Hamburg-Amerikanische Packetfahrt-Actien-Gesellschaft (Hapag) und der 1858 gegründete Norddeutsche Lloyd, Bremen. Während die Hamburg-Amerika Linie im Jahre 1900 noch über 80 Ozeanschiffe mit 412000 BRT verfügte, besaß sie 1905 bereits 147 mit einer Tonnage von 692080 BRT. Der Norddeutsche Lloyd vergrößerte seinen Schiffsbestand im gleichen Zeitraum von 418000 BRT auf 484412 BRT. Mit diesen Zahlen standen die beiden deutschen Unternehmen an der Spitze sämtlicher Reedereien der Welt.

Die Anzahl der durch die Hamburg-Amerika Linie beförderten Passagiere betrug im Jahre 1900 160000 Personen. Allein nach New York beförderte 1898 der Norddeutsche Lloyd 71118 Passagiere. Weitere bedeutende deutsche Reedereien waren u. a. die Deutsche Dampfschiffahrts-Gesellschaft »Hansa«, Bremen; die Reederei Robert Sloman & Co., Hamburg; die Hamburg-Südamerikanische Dampfschiffahrts-Gesellschaft, Hamburg; die Deutsche Dampfschiffahrts-Gesellschaft, Hamburg; die Deutsche Levante-Linie, Hamburg; die Woermann-Linie, Hamburg; die Deutsche Ostafrika-Linie, Hamburg und die Deutsche Dampfschiffahrtsgesellschaft »Argo«, Bremen. Mit ihnen konkurrierten viele internationale Reedereien. Stellvertretend seien hier genannt: die

Cunard Steam Ship Co., Liverpool; die White Star Line, Liverpool; die Union Castle Mail Steamship Co. Ltd., London; die Peninsular and Orient Steam Navigation Co., London (P&O); die Compagnie Générale Transatlantique, Paris; die Holland-Amerika Lijn, Rotterdam; die International Mercantile Marine Co., New York; die Navigazione Generale Italiana (Florio-Rubattino), Rom; die Det Forenede Dampskibs-Selskab, Kopenhagen und die Red Star Line, Antwerpen. Während kleinere Unternehmen in diesem Kampf zwangsläufig unterlagen, kam es zwischen den Großreedereien zur Monopolbildung. So sollte ihnen beispielsweise der im Januar 1892 in Hamburg gegründete »Nordatlantische Dampfer-Linien-Verband« (NDLV) maximale Profite sichern. Von den Vertragspartnern wurden gemeinsam abgesprochene Raten festgelegt, und es kam zu einer Aufteilung der Zwischendeckpassagiere auf die einzelnen Konferenz-Reedereien.

Nach den Zahlen des Verkehrsjahres 1890 kam es zu folgender prozentualen Aufteilung:

Reederei	nach Amerika	von Amerika
Norddeutscher Lloyd, Bremen	46,16 %	44,53 %
Hamburg-Amerika Linie (einschließlich Union Linie)	28,84 %	18,47 %
Holland-Amerika Lijn	9,30 %	16,32 %
Red Star Line	15,70 %	20,68 %

Die Kajütpassagiere waren bei der Aufteilung anfangs nicht berücksichtigt worden, denn der Passagierverkehr über den Nordatlantik wurde finanziell durch die große Zahl der »billigen Zwischendecker« getragen. Damit die Anteile flexibel blieben, baute man eine Tonnageklausel in den Vertrag ein. Die Quote für den Norddeutschen Lloyd war deshalb so hoch festgelegt, weil diese Reederei neben dem New-York–Dienst eine weitere, vorrangig für den Transport von Zwischendeckpassagieren bestimmte Linie nach Baltimore (USA) unterhielt. Nicht unterzeichnet hatten dieses Abkommen die französischen und britischen Reedereien. Durch einen Rückversicherungsvertrag mit einer Reihe von britischen Reedereien wurde diese Konferenzabsprache im Jahr 1895 erweitert. Im Vertrag von 1895 verzichteten die Konferenzreedereien auf den Transport von britischen und skandinavischen Auswanderern und im Gegenzug dazu verzichteten die britischen Unternehmen auf die Beförderung von Auswanderern aus Osteuropa. Die Konferenzabsprache wurde 1896 auch auf Kajütpassagiere ausgedehnt.

Im Januar 1908 kam es zwischen der Hamburg-Amerika Linie und dem Norddeutschen Lloyd zu einer ähnlich wichtigen Vereinbarung: Die Hamburg-Amerika Linie erhielt einen größeren Anteil am transatlantischen Auswandererverkehr, verzichtete jedoch auf die Passagierbeförderung nach Ostasien. Dem Norddeutschen Lloyd wurde dafür die Beteiligung an Vergnügungsreisen eingeräumt.

Von Januar bis Februar 1908 fanden umfassende Verhandlungen zwischen allen deutschen, britischen und kontinentalen Schiffahrtsunternehmen statt, die sich an der Personenschiffahrt im Nordatlantik beteiligten. Ergebnis dieser Verhandlungen war zunächst ein dreijähriges Abkommen, das den Verkehr mit Zwischendeckpassagieren der atlantischen und nordeuropäischen Häfen bis zur Straße von Gibraltar einerseits und den Häfen der USA und Kanadas andererseits neu regelte. Außer dem Norddeutschen

Abfahrt der BREMEN. Foto: Sammlung Rothe

Lloyd und der Hamburg-Amerika Linie als Vertreter Deutschlands gehörten diesem neuen Bündnis die Holland-Amerika Lijn und die Red Star Line an. Weitere Mitglieder waren die Morgan-Trustes American Line, die Dominon Line, die White Star Line, die Allan Line, die Anchor Line, Liverpool, sowie die Cunard Line. Durch Sonderverträge mit den kontinentalen, aber auch mit den britischen Reedereien waren der Atlantic Conference zusätzlich noch die Compagnie Générale Transatlantique, Paris, die Det Forenede Dampskibs-Selskab, Kopenhagen, die Russische Amerika Linie, Libau (Liepaja), und die Austro-Amerikana, Triest, angegliedert. Obwohl es noch ähnliche Absprachen zwischen den internationalen Reedereien gab, blieb der erbitterte Konkurrenzkampf auf allen Schiffahrtslinien bestehen.

Ziel jeder Reederei war nicht nur der Besitz möglichst schneller Schiffe, sondern es sollten auch die größten, elegantesten und sichersten sein. Gut durchdachte Werbung brachte diese Superlative sowohl den Luxuspassagieren als auch den weniger zahlungskräftigen, aber massenhaft andrängenden Auswanderern, näher.

Höchstes Ansehen genoß jeweils die Reederei, die Trägerin des »Blauen Bandes« (Blue Ribbon of the Atlantic) war, einer Trophäe, die für die jeweils schnellste Überquerung des Nordatlantik, gemessen auf der Westroute, vergeben wurde. Anfangs wurde die gesamte Strecke zwischen Abgangs- und Bestimmungshafen in die Wertung mit einbezogen. Später entschied man sich dazu, die Strecke zwischen zwei markanten Punkten der Fahrtroute zu messen (beispielsweise zwischen Eddystone-Leuchtturm, Plymouth, und Sandy Hook-Feuerschiff, New York). Zeitweilig unternahm man auch den Versuch, diesen Wettbewerb auf die West-Ost-Richtung auszudehnen, was aber nicht den erhofften Erfolg brachte. Bis 1890 trugen allein die Schiffe britischer Reedereien den Kampf ums »Blaue Band« untereinander aus. Als erstes deutsches Schiff beteiligte sich 1891 die Fürst Bismarck der Hamburg-Amerika Linie an dieser Rekordjagd. Sie blieb jedoch mit ihren 19 Knoten erfolglos, denn die damalige Spitzenleistung lag knapp über 20 Knoten.

Der in besonderem Maße an der Schiffahrt interessierte Kaiser Wilhelm II. drängte die deutschen

Kronprinz Wilhelm einlaufend in Bremerhaven. Foto: Sammlung Rothe

Reeder, ihre Passagierschiffe nicht weiterhin in Großbritannien bauen zu lassen. Daß die Schiffbauer Deutschlands auch in der Lage waren, große und schnelle Passagierschiffe zu bauen, stellten sie bereits 1889 mit dem Dreischornsteinschiff AUGUSTA VICTORIA (7661 BRT) unter Beweis. Was lag also näher, als daß man selbst ein Luxusschiff konstruierte und baute, das alle bisherigen Leistungen der Schiffbaukunst übertraf. Mit der Indienststellung des Zwei-Schrauben-Schnelldampfers KAISER WILHELM DER GROSSE im September 1897 erreichte man dieses Ziel. Das Flaggschiff des Norddeutschen Lloyd war der erste Ozeanriese mit 4 paarweise angeordneten Schornsteinen. Nachdem die KAISER WILHELM DER GROSSE bereits auf ihrer ersten Reise eine sehr schnelle Fahrt machte, errang sie im März 1898 als erstes deutsches Schiff das »Blaue Band«.

Auch die Hamburg-Amerika Linie bemühte sich, ihren Passagieren zeitliche Vergünstigungen anzubieten. So ließ sie vom Juli 1895 an alle ihre Schnelldampfer ausreisend und heimkehrend den französischen Hafen Cherbourg anlaufen und vereinbarte mit der zuständigen Eisenbahnverwaltung einen Schnellzugdienst von und nach Paris. Diese Organisation ermöglichte es den Passagieren der Hapag-Schiffe, ohne größeren Zeitverlust weiterzureisen. Eine ähnliche Verkehrsverbesserung richtete die gleiche Reederei 1896 in Großbritannien ein. Die von Amerika kommenden Passagiere gingen nicht erst in Southampton, sondern bereits in Plymouth von Bord. Dank dieser Regelung erreichten sie bereits 10 Stunden früher britischen Boden und waren mittels Sonderzug nach weiteren $4^1/_2$ Stunden in London.

Um gegenüber dem Norddeutschen Lloyd und seinem Schnelldampfer KAISER WILHELM DER GROSSE konkurrenzfähig zu bleiben, erhielt die A. G. »Vulcan«, Stettin, nun auch von der Hamburg-Amerika Linie den Auftrag zum Bau eines Schnelldampfers. Die DEUTSCHLAND war mit noch mehr Luxus als die KAISER WILHELM DER GROSSE ausgestattet; sie kostete etwa 12,5 Millionen Mark. Der Speisesaal der I. Klasse, darin Möbel aus Mahagoni sowie wertvolle Gemälde und Bronzen, war mit roten japanischen Seidentapeten ausgestattet. Bereits auf ihrer Jungfernreise unter dem Kommando von Kapitän Albers übertraf die DEUTSCHLAND im Juli 1900 die Leistung

Werft A.G. »Vulcan«, Stettin, um die Jahrhundertwende. Foto: Sammlung Rothe

KAISER WILHELM II. Foto: Sammlung Rothe

der KAISER WILHELM DER GROSSE und errang das »Blaue Band« für ihre Reederei. Auf der Heimreise konnte sie ihren gerade aufgestellten Rekord mit über 23 Knoten noch überbieten. Welche übermenschlichen Anstrengungen von Heizern und Kohlentrimmern müssen notwendig gewesen sein, um die täglich benötigten 574 Tonnen Kohle in den 16 Kesseln zu verheizen, die diesen Rekord ermöglichten?

Während die Hamburg-Amerika Linie auf den Besitz des »Blauen Bandes« verweisen konnte, besaß der Norddeutsche Lloyd mit 4 »Atlantikrennern« die homogenste Schnelldampferflotte, die je einer Reederei zur Verfügung stand. Kurz nach der Jahrhundertwende liefen für die Bremer Reederei nach dem Vorbild des »Großen Kaisers« 3 weitere Schiffe mit je 4 Schornsteinen vom Stapel: die KRONPRINZ WILHELM, die KAISER WILHELM II. und die KRONPRINZESSIN CECILIE. In Bremerhaven und in New York legte jeden Dienstag ein Lloyd-Schnelldampfer ab, um mit Zwischenaufenthalt in Cherbourg sowie Southampton auf der Ausreise und Plymouth auf der Heimreise am darauffolgenden Dienstag in Bremerhaven bzw. New York einzulaufen. Diese 4 Schiffe benötigten jeweils für eine Atlantiküberquerung, gemessen zwischen Bishop's Rock (britische Scilly-Insel) und Sandy Hook-Feuerschiff, nur eine Zeit von 5 Tagen und etwa 15 bis 20 Stunden.

Durch Werbung und gut organisierte Zubringerdienste bemühte sich auch der Norddeutsche Lloyd, ähnlich wie die Hamburg-Amerika Linie, um die optimale Auslastung seiner Schiffe. Die Schnelligkeit der Schiffe wirkte sich nicht nur auf die Zahl der verkauften Kabinenplätze aus, sondern ebenso auf den Umfang der Post- und Eilgutbeförderung. Nachdem man einmal das »Blaue Band« errungen hatte, beteiligten sich auch die deutschen Reedereien zunehmend an diesem vorteilhaften Geschäft. So wurden im Jahre 1901 von den 3,3 Millionen Kilogramm

Drucksachen und Briefen, welche die USA nach Europa schickten, bereits 350000 Kilogramm mit Schiffen des Norddeutschen Lloyd und 250000 Kilogramm auf Schnelldampfern der Hamburg-Amerika Linie über den Nordatlantik transportiert. Von großer Bedeutung für die Passagiere war die pünktliche Ankunft in dem Bestimmungshafen. Insbesondere bei der Einreise in New York ging den Passagieren ein ganzer Tag verloren, wenn der Dampfer erst am späten Nachmittag im Hafen einlief. Die notwendigen Formalitäten der Einreisebehörden waren sehr umfangreich, und ihre Büros schlossen pünktlich.

Abgesehen von einer kurzen Unterbrechung durch den Schnelldampfer KRONPRINZ WILHELM (1902) besaß die DEUTSCHLAND das »Blaue Band« bis zum Oktober 1907. Erst mit dem Einsatz des Turbinenschiffes LUSITANIA (31550 BRT/76000 PS) der britischen Cunard Line, dem ersten Schiff der Welt über 30000 BRT, ging für Deutschland die begehrte Trophäe verloren. Obwohl der Schnelldampfer DEUTSCHLAND mit seinen Rekordfahrten das Ansehen der Hamburg-Amerika Linie erhöhte, erweiterte die Reederei ihren Bestand an Schnelldampfern nicht. Im Gegenteil, das Prestige-Schiff dieser Hamburger Reederei wurde wegen seines enormen Kohleverbrauchs und auftretender Vibrationen zum Kreuzfahrtschiff mit gedrosselter Maschinenleistung umgebaut. Der zu seiner Zeit größte Cruis Liner der Welt lief, umbenannt in VICTORIA LUISE, am 23. September 1911 ab Hamburg zur ersten Kreuzfahrt aus. Nicht die Schnelligkeit, sondern die Wirtschaftlichkeit ihrer Schiffe sollte der Hamburg-Amerika Linie zum Erfolg verhelfen. Der Plan Albert Ballins, Generaldirektor der Hamburg-Amerika Linie, aus dem Jahre 1897, zwei Schiffe bauen zu lassen, die zwar langsamer, dafür aber sparsamer im Verbrauch und gleichzeitig aufnahmefähiger sein sollten, wurde 1905 mit den Schiffen AMERIKA und KAISERIN AUGUSTE VICTORIA Wirklichkeit. Der Nutzraum der AMERIKA betrug 13368 NRT und, obwohl dieses Schiff maximal 18 Knoten lief, benötigte es nur etwa die Hälfte der Kohle, die die maximal 5,5 Knoten schnellere DEUTSCHLAND benötigte. Die Hamburg-Amerika Linie stand damit jedoch vor dem Problem, diesen verhältnismäßig langsamen Schiffstyp auch entsprechend auszulasten. Immerhin war damit ein zusätzlicher Tag für die Atlantiküberquerung nötig. Der Devise »Zeit ist Geld« mußte etwas entgegengesetzt werden, daß die Passagiere anlockte. Das gelang der Reederei mit Luxus und höchster Bequemlichkeit für die Passagiere an Bord ihrer neuen Schiffe. Ein Kaiserzimmer, Staatssuiten und verschiedene Luxuskabinen befanden sich beispielsweise an Bord der AMERIKA. Aber auch die Einrichtungen der unteren Passagierklassen waren wesentlich verbessert worden. Im Zwischendeck wurde ein Speisesaal eingerichtet, und im Gegensatz zu den vorher üblichen Schlafsälen für die Zwischendeckpassagiere, gab es erstmals für sie Kabinen mit 6 Kojen. Das erste Ritz-Carlton-Restaurant an Bord eines Schiffes befand sich auf der AMERIKA. Küchenchef war Auguste Escoffier, bekannt als der »Kaiser der Köche«. Das besonders ausgewählte Bedienungspersonal hatte seine Ausbildung in Paris erhalten. Auch gab es an Bord einen Wintergarten mit Palmen und Blumenbeeten. Zu den besonderen Neuerungen auf diesem Schiff gehörte die Möglichkeit, mit Hilfe eines Lifts zum Oberdeck zu gelangen. Die Rechnung Albert Ballins ging auf. Die bequemen Schiffe seines Unternehmens wurden mehr und mehr von den Passagieren bevorzugt. Dieser neue, ökonomische Schiffstyp erwies sich bald gegenüber dem Schnelldampfer als überlegen. Er wurde später auch von anderen Reedereien bevorzugt eingesetzt.

Schon im Jahre 1902 stellte die Hamburg-Amerika Linie einen ähnlichen, aber um etwa 10000 BRT kleineren Schiffstyp in Form der beiden Doppelschraubendampfer MOLTKE und BLÜCHER in ihren Dienst. Bereits mit diesen beiden Schiffen gelang es der Reederei, sich der Gunst der amerikanischen Kajütpassagiere zu versichern, was auch dazu führte, daß die BLÜCHER zeitweilig für Vergnügungsfahrten eingesetzt wurde. Die Konstruktion der beiden Schiffe stellte eine Kompromißlösung dar: Neben komfortabler Ausstattung wurde Wert auf großes Ladevermögen gelegt. Eine Reisegeschwindigkeit von 16 Knoten garantierte darüber hinaus eine wirtschaftliche Fahrweise. Die Bedeutung einer großen Ladekapazität läßt sich heute aus der folgenden zeitgenössischen Aufstellung ablesen. Sie erfaßt dabei lediglich die Vorräte einer Atlantiküberquerung von maximal 7 Tagen Dauer. Post, Eilsendungen sowie

Die BLÜCHER in der Advent-Bay. Passagiere werden von Land zum Schiff befördert. Foto: Sammlung Rothe

andere Ladung blieben dabei völlig unberücksichtigt: Bei einem mittleren Tagesverbrauch von 511 Tonnen Kohle (soviel verbrauchte beispielsweise die KAISER WILHELM DER GROSSE) mußten 3577 Tonnen Kohle übernommen werden. Das entsprach 358 Güterwagen zu 10 Tonnen Tragfähigkeit! Maximal konnten 4596 Tonnen Kohle gebunkert werden. Für die Verpflegung der Passagiere und der Besatzung benötigte ein damaliger Schnelldampfer für eine Reise von Hamburg nach New York u. a. folgende Vorräte: 17500 kg frisches Fleisch, 600 kg Speck, 4500 kg Geflügel und Wild, 4000 Dosen Gemüse, für 2.000,– Mark Frischgemüse, 300 Dosen Pilze, 3750 kg frische Früchte, 80 Kisten Apfelsinen, 25 Kisten Zitronen, 1000 kg gebackene Früchte, 375 kg Marmelade, 30000 kg Kartoffeln, 20000 kg Mehl und Brot, 40000 Stück Eier, 2500 kg Zucker, 3750 kg Butter, 100 Flaschen Fruchtsaft, 50 kg Nüsse, 50 kg Mandeln, 40 Krüge und 180 Gläser verschiedener Gurken, 20 Töpfe Rote Beete, 600 kg Gries, Sago und Nudeln, 4000 kg Hülsenfrüchte, 375 kg Sakes, 6000 Liter Milch, 1250 kg Kaffee, 100 kg Tee, 150 kg Schokolade und Kakao, 200 Flaschen Provenceröl, 1000 Liter Essig, 1200 Liter Kümmel, 1200 Liter Rotwein, 2300 ganze und 1800 halbe Flaschen Wein, 750 ganze und 1000 halbe Flaschen Champagner, 1000 ganze und 1400 halbe Flaschen Bier, 3000 Liter Lagerbier, 7000 Liter Münchner und Pilsener Bier, 900 Flaschen Spirituosen sowie 6500 Flaschen Mineralwasser.

Die Passagierschiffahrt auf dem Nordatlantik wurde entscheidend durch die vielen Auswanderer geprägt. Im Jahr 1905 verließen beispielsweise 306753 Auswanderer, davon 186854 über Bremen und 119899 über Hamburg, auf deutschen Passagierschiffen Europa. Dagegen wurden im gleichen Jahr nur 86961 Einwanderer nach Deutschland registriert. Davon kamen 74352 aus Nordamerika, 662 aus Westindien und Mexiko, 3754 aus Südamerika, 5392 aus Afrika (darunter 1460 Mann deutsche Truppen), 2113 aus Ostasien sowie 688 aus Australien. Von diesen Einwanderern waren 49980 Zwischendeckpassagiere und nur 36981 reisten in Kajütklassen. Der Gesamtumfang des Personenverkehrs war natürlich wesentlich höher, denn die genannten Angaben beziehen sich lediglich auf die Aus- und Einwanderer. So beförderten auf den Überseelinien al-

Auswanderer gehen an Bord. Foto: Sammlung Rothe

Auswanderer an Bord vor der Ausfahrt. Foto: Sammlung Rothe

lein der Norddeutsche Lloyd im gleichen Zeitraum 449243 und die Hamburg-Amerika Linie 333926 Passagiere. Bremen und Hamburg waren die Städte in Deutschland, von denen die Auswanderer ihre Reise in die Ferne, meist ins Ungewisse, antraten. Sie verließen ihre Heimat in der Hoffnung auf ein besseres, menschenwürdiges Leben in der »Neuen Welt«. Um die Auswanderer vor Betrügern zu schützen, aber auch aus Profitinteresse, richtete die Hamburg-Amerika Linie am Rande von Hamburg eigene Auswandererquartiere ein. Nachdem die Reederei das ehemalige Gelände der bisherigen Auswandererhallen am O'Swald-Kai (südliches Elbufer) dem Staat übergeben hatte, überließ dieser der Hamburg-Amerika Linie ein 25000 Quadratmeter großes Gelände auf der Veddel zur Errichtung neuer Auswandererquartiere. Dieser Neubau, der nach Plänen des Architekten Georg Thiele ausgeführt wurde, war so angelegt, daß die Auswanderer bis zur Einschiffung völlig von der Stadt Hamburg getrennt blieben. In diesem Durchgangslager erhielten sie ärztliche Betreuung und wurden bis zur Abfahrt ihres Schiffes versorgt. Es bestanden ein direkter Zugang zu den Kais und ein separater Bahnhof. Auf behördlichen Wunsch wurden die Auswandererhallen auf der Veddel von der Hamburg-Amerika Linie mit einem Aufwand von 1,6 Millionen Mark erheblich erweitert. Nur so war es möglich, der erhöhten Beanspruchung zu entsprechen. Die folgende Tabelle gibt Auskunft über die Auswanderer, die über Hamburg im Zeitraum von 1897 bis 1906 Deutschland verließen:

Jahr	Gesamt	Auf Schiffen der Hapag
1897	35049	15270
1898	43385	20092
1899	73664	38059
1900	100568	65384
1901	92692	63223
1902	123555	84295
1903	144560	94125
1904	132712	82364
1905	143375	100078
1906	173438	128811

Passagiere vor abgehendem Schnelldampfer des NDL Kronprinz Wilhelm. Foto: Sammlung Rothe

Ellis Island, die Einwandererstation von New York. Foto: Sammlung Rothe

Bei einer angenommenen Kapazität von 2500 Passagieren konnten etwa 500 Passagiere in Kajüten reisen. Ihnen standen jedoch etwa Dreiviertel aller Räumlichkeiten des Schiffes mit all ihrem Komfort zur Verfügung. Die etwa 2000 Zwischendeckpassagiere durften dagegen ihre sparsam ausgestatteten unteren Decks nicht verlassen. Kamen die Auswanderer nun voller Erwartung in der Einwandererstation Ellis Islands, genannt »Insel der gebrochenen Herzen«, vor der Südspitze Manhattans an, mußten sie in einer großen Halle auf ihre Befragung warten. Besondere Inspektoren informierten sich über ihren Gesundheitszustand. Diese medizinische Kontrolle führten die Behörden der USA mit äußerster Strenge durch. Bereits bei einem Verdacht auf eine Krankheit wurde der gerade Eingetroffene wieder nach Europa zurückgeschickt. Zwischen 1892 und 1924 kam es in den USA immerhin zu einer Zurückweisung von 250000 Einwanderern. Die Schiffahrtsgesellschaften, welche sie ins Land brachten, mußten für ihre Rückfahrt aufkommen. Die folgende Tabelle informiert über die Zahl der Auswanderer nach Übersee, die ihre Reise in deutschen Häfen antraten:

Zeitraum	Auswanderer
1815 bis 1843	413000
1844 bis 1862	1783000
1863 bis 1877	1264000
1878 bis 1897	1982000
1898 bis 1914	427000

Die deutschen Großreedereien erkannten im Zusammenhang mit den sinkenden Auswandererzahlen schließlich, daß die großen Schnelldampfer und Luxusschiffe keine so hohen Profite einbrachten, wie die kleineren, wirtschaftlichen Passagierschiffe. Man entschied sich deshalb für Schiffstypen, die bei gleichzeitigem umfangreichem Angebot an Passagierplätzen auch Frachttransporte ausführen konnten. Im Vergleich zum Schnelldampfer war außerdem die Überfahrt mit einem Schiff dieser Klasse für Passagiere, die nicht im Zwischendeck reisen wollten, erheblich billiger. Dazu kam, daß die Luxusschiffe am Güterverkehr nur einen geringen Anteil hatten. Bei ihnen kam es in der Hauptsache auf eine möglichst hohe Auslastung der Passagierkapazität an. Dagegen transportierten die neuen »Kombischiffe« auf der Ausreise Auswanderer und auf der Heimreise billige Rückfracht. Teilweise wurden für diese Transportleistungen auch die Zwischendecks genutzt. Ein weiterer Vorteil gegenüber den Schnelldampfern bestand im niedrigeren Kohlenverbrauch, obwohl die Durchschnittsgeschwindigkeit höher als bei normalen Frachtdampfern lag. Für den Güterverkehr zwischen Hamburg, Bremen und New York erwiesen sich die bisher im Einsatz befindlichen Schiffe bald als zu klein. Die Hamburg-Amerika Linie gab aus diesem Grund einen völlig neuen Schiffstyp in Auftrag; die Schiffe der sogenannten P-Klasse. Die Namen dieser Schiffe begannen alle mit einem P, ausgenommen die GRAF WALDERSEE. Zu dieser Klasse gehörten die PRUSSIA, die PERSIA, die PATRIA, die PHOENICIA, die PALATIA, die PENNSYLVANIA, die PRETORIA und die PATRICIA.

Die PENNSYLVANIA war 1897 eines der größten Schiffe der Welt. Mit ihren 12891 BRT konnte dieses Schiff auf einer Reise über den Atlantischen Ozean ein Warenquantum befördern, für dessen Transport das ehemalige Vollschiff DEUTSCHLAND (583 BRT, im Oktober 1848 vom Stapel gelaufen) 6 Jahre benötigt hätte.

Diese rentablen Schiffe der P-Klasse wurden bis 1899 gebaut. Nach diesem Vorbild ließ die Hamburg-Amerika Linie von 1897 bis 1902 die sogenannten B-Dampfer bauen. Erstes Schiff dieser Klasse war die BRASILIA. Dazu zählte weiterhin die durch ihre Sturmfahrt berühmt gewordene BULGARIA. Nach dem gleichen Vorbild entstanden die Schiffe der A-Klasse. Die Hamburg-Amerika Linie setzte diese etwas kleineren Fahrzeuge auf den nordamerikanischen Nebenlinien und nach Ostasien ein.

Als ausgesprochen zweckmäßig für den abwechselnden Transport von Passagieren und Waren im Zwischendeck erwiesen sich auf der Route Bremen – New York die Schiffe der Rhein-Klasse des Norddeutschen Lloyd RHEIN, MAIN, und NECKAR. Auf der gleichen Route bewährten sich auch die Lloyd-Schiffe der Feldherren-Klasse GNEISENAU, ROON, ZIETEN, DERFFLINGER, SCHARNHORST, SEYDLITZ, BÜLOW, GOEBEN, YORK und LÜTZOW.

Für die Fahrt von Bremen nach Baltimore und

An Bord der PENNSYLVANIA. Foto: Sammlung Rothe

Galveston setzte der Norddeutsche Lloyd Schiffe der Köln-Klasse ein. Dazu gehörten die KÖLN, die FRANKFURT, die HANNOVER, die CASSEL, die CHEMNITZ, die BRANDENBURG sowie die BRESLAU. Dieser Schiffstyp wurde, neben der Beförderung von Zwischendeckpassagieren, vorrangig für den Transport von Getreide und Baumwolle genutzt. Bedeutsam für die Hamburg-Amerika Linie waren auch die im Dienst Hamburg – New York eingesetzten Schiffe PRESIDENT GRANT und PRESIDENT LINCOLN. Sie glichen in Bauart und Bestimmung den Schiffen der P-Klasse, übertrafen diese jedoch in der Tonnage um etwa 6000 BRT. Ihr äußeres Bild wurde durch die 6 Lademasten geprägt, womit sich die PRESIDENT GRANT den Spitznamen »DER BÖHMERWALD« einhandelte.

Zwei weitere, sehr erfolgreiche Schiffe in der Nordatlantikfahrt der Hamburg-Amerika Linie waren die CLEVELAND und die CINCINNATI. Welchen Zuspruch diese beiden Schiffe bei den Passagieren fanden, ist allein daran zu ersehen, daß sie zeitweise in den Dienst der Seetouristik gestellt wurden. In Charter einer amerikanischen Gesellschaft machte die CLEVELAND vom 16. Oktober 1909 bis zum 21. Mai 1910 eine zweifache Weltreise, die sie von New York über Gibraltar nach Ostasien und San Franzisko und zurück nach Hamburg führte.

Das Interesse der Reedereien lag, neben dem Einsatz möglichst gewinnbringender Schiffe, stets in der Erweiterung des bereits vorhandenen Liniennetzes. Um neue Gewinne erwirtschaften zu können, war man daran interessiert, seine Flagge möglichst in vielen Häfen zu zeigen. Beispielsweise richtete die Hamburg-Amerika Linie 1896 einen Passagier- und Frachtdienst zwischen Genua und den La-Plata–Staaten ein. Die Folge war ein harter Konkurrenzkampf mit den italienischen Reedereien um die Beförderung von Auswanderern von Genua nach Argentinien. Ein

Wunsch der Hamburg-Amerika Linie, den europäischen Auswanderern nach Nordamerika andere Häfen als nur New York zu öffnen, erfüllte sich, als am 19. März 1909 die PRINZ OSKAR den Hamburger Hafen erstmalig nach Hallifax und St. John verließ. Weitere Schiffe folgten unter der Lloyd- und Hapag-Flagge von Bremen bzw. Hamburg nach Quebec.

Am 28. Oktober 1910 richtete die Hamburg-Amerika Linie eine neue, 14tägige Passagierlinie nach Philadelphia ein. Noch im gleichen Jahr eröffnete sie eine Verbindung von New York nach der Westküste Afrikas und im Mai 1911 nach New Orleans. Die CLEVELAND und die CINCINNATI kamen seit Mai 1913 im Passagierdienst nach Boston zum Einsatz. Somit waren auf allen wichtigen Linien im Nordatlantikverkehr Schiffe von deutschen Reedereien vertreten.

Damit war jedoch das Einsatzgebiet auf den Weltmeeren noch längst nicht erschöpft. Neben dem Nordatlantikverkehr entwickelte sich in zunehmendem Maße der Liniendienst nach Südamerika, Ostasien, Afrika und Australien sowie zu den Staaten der Levante.

Albert Ballin hatte bereits Jahre zuvor mit der Reederei Robert M. Sloman & Co., Hamburg, zwischen Genua und dem La Plata sowie zwischen New York und den Häfen Brasiliens einen gemeinsamen Frachtdienst eingerichtet. Im südamerikanischen Fahrtgebiet betätigten sich in größerem Umfang auch zwei Konkurrenten: die Hamburg-Südamerikanische Dampfschiffahrts-Gesellschaft (Hamburg-Süd) und die Hamburger Reederei A. C. de Freitas & Co. Letztere wurde 1900 mit allen 14 Schiffen von der Hamburg-Amerika Linie übernommen. Es handelte sich dabei um die für den Frachtdienst eingerichteten Schiffe SPARTA, (2832 BRT), TROJA (2720 BRT), LYDIA (2734 BRT), MACEDONIA (4357 BRT), KARTHAGO (2863 BRT), SEVILLIA (5156 BRT), DACIA (3545 BRT), ITHAKA (2269 BRT), PARTHIA (2728 BRT), HELLAS (2458 BRT), GRANADA (5144 BRT), PONTOS (5703 BRT), ETRURIA (4437 BRT) und ATHEN (2199 BRT). Diese Schiffe boten Platz für maximal 10 bis 20 Passagiere. Der größere Rivale war in diesem Fahrtgebiet eindeutig die Hamburg-Süd. Diese 1871 gegründete Reederei besaß bis zur Indienststellung der zur sogenannten Cap Klasse zählenden Schiffe nur verhältnismäßig kleine Passagierdampfer. Die CAP FRIO (5732 BRT), das erste Schiff der Cap-Klasse, lief am 26. November 1899 vom Stapel der Reiherstiegwerft in Hamburg. Dieses 129 m lange und 13,7 m breite Schiff konnte bereits über 500 Passagiere von und nach den Häfen Südamerikas befördern. Zur Cap-Klasse gehörten weiterhin die CAP ROCA (5786 BRT), die CAP VERDE (5909 BRT), die CAP BLANCO (7523 BRT), die CAP ORTEGAL (7819 BRT), die CAP VILANO (9467 BRT) und die CAP ARCONA (9832 BRT).

Um auch den südlichen Teil Argentiniens an die Hauptlinien anzuschließen, kam es zwischen der Hamburg-Süd, der Hamburg-Amerika Linie sowie der Firma A. Delfino & Cia zur Gründung der Linea Nacional del Sud. Die Schiffe dieser Gesellschaft fuhren unter argentinischer Flagge vom La Plata nach Patagonien. Diesen Dienst zum südlichen Teil Argentiniens übernahm 1904 die Hamburg-Süd in alleiniger Regie.

Eine weitere beachtenswerte Betriebserweiterung der Hamburg-Amerika Linie erfolgte 1901 durch den Erwerb der britischen Atlas-Line (7 Dampfer mit zusammen 14972 BRT), die bis dahin jahrelang zwischen New York und Westindien verkehrte und 3

Reichspostdampfer GOEBEN im Hafen von Genua. Foto: Sammlung Rothe

Ankunft der CAP POLONIO an der St. Pauli-Landungsbrücke in Hamburg. Foto: Sammlung Rothe

Routen, nach Jamaika, Haiti und Zentralamerika, bediente. Die Hamburg-Amerika Linie baute, in der Hoffnung auf höhere Gewinne, den Atlas-Dienst weiter aus, indem sie 2 neue Schiffe in Dienst stellte. Wöchentlich wurde eine Fahrt von New York über Kingston (Jamaika) nach Kolumbien und Porto Limon angeboten. Außerdem verkehrten 14tägig die Schiffe der Hamburg-Amerika Linie über Haiti nach Kingston und nach Santa Marta (Kolumbien). Im August 1910 eröffnete die Hamburg-Amerika Linie den 14tägigen Passagier- und Frachtdienst zwischen New York und Kuba. Für Fahrten zu den La-Plata-Häfen setzte der Norddeutsche Lloyd unter anderem solche Schiffe ein, die, ähnlich den Schiffen der Prinzen-Klasse, den tropischen Verhältnissen im südamerikanischen Fahrtgebiet angepaßt waren (MARK, PFALZ). Besonders die rasche Entwicklung Argentiniens erforderte im Verkehrsgebiet Südamerika einen verstärkten Einsatz leistungsstarker Schiffe. Dieser Entwicklung wurde durch Indienststellung der Doppelschraubenschiffe KÖNIG FRIEDRICH AUGUST und KÖNIG WILHELM II. der Hamburg-Amerika Linie Rechnung getragen. Auch im brasilianischen Fahrtgebiet war eine Entwicklung zugunsten der deutschen Reeder zu beobachten. Die Hamburg-Amerika Linie erwarb gemeinsam mit der Hamburg-Süd die New-York–Brasilien–Linie und stellte 1908 die CORCOVADO und die YPIRANGA, die beide für die mittelbrasilianische Fracht- und Passagierfahrt bestimmt waren, in Dienst.

Der Westindien–Mexiko–Dienst ab Hamburg wurde so organisiert, daß im Monat jeweils 3 Abfahrten stattfanden. Eine Abfahrt ging über Haiti nach Mexiko und 2 führten über St. Thomas (Saint Thomas Insel) nach den Häfen des mittelamerikanischen Festlandes bis Colon (Panama). Ende 1900 hatte sich die Hamburg-Amerika Linie zu einer Neuregelung des Mexiko–Dienstes entschlossen. Es sollte eine Direktverbindung Hamburg–Mexiko eingerichtet werden. Die Zwischenhäfen Westindiens wurden aufgegeben. Nach erfolgter Jungfernreise im Januar 1903 eröffnete die PRINZ ADALBERT (6030 BRT) die

Titelseite der »Überfahrts-Bedingungen« der Hamburg-Amerika Linie vom Oktober 1909. Foto: Sammlung Rothe

Hapag-Direktfahrt von Hamburg nach Mexiko. Nur Havanna nahm man in den Fahrplan auf. Bereits 1909 verfügte die Hamburg-Amerika Linie über 3 Linien nach Mexiko:

Linie 1: von Hamburg über Le Havre, Southampton, Santander und Coruna nach Havanna, Vera Cruz, Tampico und Puerto Mexiko;

Linie 2: von Hamburg über Le Havre, Bilbao, Coruna und Vigo nach Havanna, Vera Cruz, Tampico und Puerto Mexiko;

Linie 3: von Hamburg über Antwerpen, Vigo, Malaga und Cadiz nach Havanna, Puerto Mexiko, Vera Cruz, Tampico und Progreso.

Zu diesem Zeitpunkt setzte die Hamburg-Amerika Linie für den Kuba–Mexiko–Dienst folgende Schiffe ein:
Kronprinzessin Cecilie (8689 BRT), Fuerst Bismarck (8332 BRT), Albingia (4634 BRT), Allemannia (4630 BRT), Westerwald (3901 BRT), Spreewald (3899 BRT), Frankenwald (3898 BRT), Bavaria (3898 BRT), Dania (3898 BRT), Sardinia (3601 BRT) sowie Syria (3597 BRT).

Der Nordatlantik–Dienst deutscher Reedereien war bereits ausgebaut, als erste grundlegende Gedanken zur Errichtung regelmäßiger Post- und Passagierverbindungen nach Ostasien, Australien und Afrika geäußert wurden. Nach Ostasien fuhren zur damaligen Zeit nur Schiffe der Deutschen Dampfschiffs-Rhederei (Kinsin-Linie), Hamburg, sowie Schiffe der Bremer Rickmers-Linie. Die Schiffahrtsverbindung nach Australien bediente die Reederei Robert M. Sloman jun., Hamburg. Alle drei Reedereien hatten nur relativ kleine Schiffe und verfügten nicht über die Mittel, den Schiffsverkehr in diesem Fahrtgebiet wesentlich auszubauen.

Auf Grund einer Statistik über den deutschen Handel in Ostasien blieb die Frage der Errichtung regelmäßiger Post- und Passagierverbindungen nach Ostasien, Australien und Afrika nicht ohne Beachtung. Ein Gesetzentwurf von 1884, der die Subventionen des Staates an deutsche Reedereien festlegte, wurde in das Reichs-Gesetzblatt von 1885 übernommen. Im Paragraph 1 heißt es:

§ 1

Der Reichskanzler wird ermächtigt, die Einrichtung und Unterhaltung von regelmäßigen Postdampfschiffsverbindungen zwischen Deutschland einerseits und Ostasien sowie Australien andererseits auf eine Dauer bis zu fünfzehn Jahren an geeignete deutsche Unternehmer auf dem Wege der engeren Submission einzeln oder zusammen zu übertragen und in den hierüber abzuschließenden Verträgen Beihilfe bis zum Höchstbetrage von jährlich vier Millionen Mark aus Reichsmitteln zu bewilligen.

In dem Gesetzesentwurf von 1884 wurde in einer beigefügten Begründung verdeutlicht, welche hohen Subventionen andere europäische Regierungen zu jener Zeit ihren Reedereien gewährten. Es ging dar-

Die RHEIN verläßt den Kaiserhafen von Bremerhaven mit dem »Ostasiatischen Expeditionskorps« an Bord. Foto: Sammlung Rothe

aus hervor, daß die Aufwendungen für den Seepostdienst bei der britischen Postverwaltung etwa 13 Millionen Mark, bei der französischen rund 20 Millionen Mark, bei der Postverwaltung Österreichs etwa 4 Millionen Mark und bei der italienischen etwa 7 Millionen Mark betrugen. Ferner wurde hervorgehoben, daß die deutschen Dampfschiffahrtslinien nach asiatischen, australischen und afrikanischen Häfen vor allem auf den Frachtverkehr eingerichtet wären. Die zu jener Zeit im Einsatz befindlichen Schiffe hatten nur eine relativ niedrige Fahrtgeschwindigkeit. Dazu kam, daß wenig Wert auf eine pünktliche, fahrplanmäßige Überfahrt gelegt wurde. Diese Unregelmäßigkeiten und die langen Fahrtzeiten zwangen die Reichspostverwaltung, ihre Sendungen mit ausländischen Schiffen befördern zu lassen. Das Fehlen deutscher Schiffahrtslinien mit festgelegtem, regelmäßigem Fahrplan, die lange Fahrtdauer sowie das Fehlen von bestimmten, bei jeder Fahrt einzuhaltenden Zwischenstationen, machte sich für die Verbindung mit Ostasien und Australien immer deutlicher negativ bemerkbar. Nur mit dem Ausbau der Schiffahrtslinien und dem Einsatz großer und schneller Schiffe konnten in dieser Region wirtschaftliche und politische Erfolge erzielt werden.

Für die Schaffung der neuen Postschiffsverbindung nahm der Norddeutsche Lloyd 1885 eine Anleihe in Höhe von 15 Millionen Mark auf, die später um weitere 5 Millionen Mark erhöht wurde. In einem entsprechenden Vertrag mit der deutschen Reichsregierung erhielt der Norddeutsche Lloyd dabei folgende Auflagen:

Errichtung einer Hauptlinie nach China mit Anschlußlinien nach Korea und Japan, einer Hauptlinie nach Australien mit Anschlußlinien nach den Tonga-Inseln und den Samoa-Inseln und einer Zweiglinie über Brindisi nach Alexandrien. Die A. G. »Vulcan«, Stettin, erhielt den Auftrag, die dafür erforderlichen Schiffe zu bauen. Am 30. Juni 1886 eröffnete der Postdampfer ODER des Norddeutschen Lloyd die Reichspostdampferlinie nach Ostasien. Die Reichspostdampferlinie nach Australien wurde am 14. Juli 1886 mit dem Postdampfer SAILER der gleichen Reederei eröffnet.

Um sich gegenüber anderen Unternehmen behaupten zu können, mußte der Norddeutsche Lloyd bald

Seepostamt an Bord eines Hamburger Postdampfers um 1898.
Foto: Sammlung Rothe

Reichspostdampfer PRINZ WALDEMAR im Friedrich Wilhelmshafen (Neu-Guinea). Foto: Sammlung Rothe

weitere Schiffe, die gegenüber der Konkurrenz gleichwertig waren, in diesem Fahrtgebiet in Dienst stellen. Die 1894 bei F. Schichau in Danzig speziell für den Einsatz in tropischen Gewässern gebauten Doppelschraubenschiffe PRINZ-REGENT LUITPOLD und PRINZ HEINRICH bewährten sich besonders gut. Ab 1897 verstärkte der Norddeutsche Lloyd seine Flotte durch die kombinierten Fracht- und Passagierschiffe der Barbarossa-Klasse. Neben dem Dampfer FRIEDRICH DER GROSSE, dem ersten deutschen 10000 Tonner, gehörten zur Barbarossa-Klasse die KÖNIGIN LUISE, die BREMEN, die KÖNIG ALBERT und GROSSER KURFÜRST. Diese Dreiklassenschiffe boten den Passagieren große Bequemlichkeit. Die Passagiereinrichtungen waren von den Fachteinrichtungen getrennt. Die Räume für die Passagiere der I., II. und III. Klasse befanden sich in einem in der Mitte des Schiffes befindlichen Aufbau.

Am 3. Januar 1898 gab die Hamburg-Amerika Linie bekannt, daß sie einen monatlichen Frachtdienst von Hamburg und Antwerpen nach Penang (George Town/Malaysia), Singapore, Hongkong, Schanghai, Yokohama und Hiogo einrichten werde. Die genannten Linien sollten mit 6 A-Schiffen be-

Ost-Asiatischer Küstendampfer DELI. Foto: Sammlung Rothe

Truppentransporter vor der Abfahrt um 1900. Foto: Sammlung Rothe

dient werden und Anschluß nach Futschu (Fuzhou), Kiautschou (Jiaozhou), Tientsin (Tianjin) usw. erhalten. Bereits am 25. Februar 1898 lief das erste Hapag-Schiff von Hamburg in dieses Einsatzgebiet aus. Damit begann ein Wettbewerb zwischen der Hamburg-Amerika Linie, dem Norddeutschen Lloyd und der Deutschen Dampfschiffs-Rhederei (Kingsin-Linie), Hamburg, die seit 1872 Hamburg mit Ostasien verband.

Der Kingsin-Linie war es nicht möglich, sich gegen die weitaus überlegenen Konkurrenten zu behaupten. Am 26. März 1898 kam es zu einer vollständigen Übernahme der Reederei durch die Hamburg-Amerika Linie. Von den 13 übernommenen Schiffen der Kingsin-Linie behielt die Hamburg-Amerika Linie 6, die sie zusammen mit ihren A-Schiffen im Ostasien–Dienst einsetzte. Zwischen den beiden Monopolreedereien Norddeutscher Lloyd und Hamburg-Amerika Linie sowie der Regierung des kaiserlichen Deutschlands kam es noch 1898 zu einem Vertragsabschluß, der eine 15jährige Betriebsgemeinschaft in der Ostasienfahrt vorsah. Den 14tägigen Dienst nach Ostasien eröffnete am 4. Oktober 1899 der Reichspostdampfer König Albert des Norddeutschen Lloyd. Ab 1900 setzte die Reederei auf dieser Reichspostdampfer-Linie zusätzlich noch die Schiffe Prinzess Irene, Hamburg und Kiautschou ein. Die Schaffung eines gut organisierten Zubringerdienstes von den entfernt liegenden kleineren Häfen zu den Anlaufhäfen der Liniendampfer war ein weiteres Ziel im Ostasien–Dienst der Reedereien. So wurden die Hauptlinien über ein weit verzweigtes Nebenliniennetz mit großen Teilen Südchinas und Hinterindiens verbunden. Der Norddeutsche Lloyd richtete Ende 1899 mit 2 Schiffen in Gemeinschaft mit der Firma Melchers & Co. in Schanghai eine Linie zwischen Swatow-Chingkiang und Hankou (Wuhan) ein. Gemeinsam mit der Hamburg-Amerika Linie erweiterte die Reederei den Dienst bis zum Jangtsekiang. Zu Beginn des Jahres 1900 vergrößerte sich die ostasiatische Küstenflotte des Norddeutschen Lloyd durch den Ankauf der East Indian Ocean Steam-Ship-Companie sowie der Scottish Oriental Steam-Ship-Companie.

Der stets nach vorteilhaften Geschäften Ausschau haltende Albert Ballin begann im Januar 1901 an Bord des Reichspostdampfers Kiautschou eine Weltreise. Dabei wollte er die Möglichkeit einer Betriebsausdehnung der Hamburg-Amerika Linie in China und Japan sowie eine etwaige Verbindung Ostasiens mit der Westküste Nordamerikas studieren. Im Ergebnis seiner Reise gab der Jahresbericht der Hamburg-Amerika Linie vom März 1901 bekannt, daß eine regelmäßige Dampfschiffsverbindung zwischen Kanton (Guangzhou), Hongkong und Schanghai sowie eine regelmäßige Küstenlinie zwischen Hongkong und Wladiwostok eingerichtet worden sei. Im gleichen Bericht gab die Hamburg-Amerika Linie den Erwerb einer Postdampferlinie von der Firma Diederichsen, Jebsen & Co., einer kleinen deutschen Reederei, bekannt. Diese neue Linie verlief zwischen Schanghai, Kiautschou, Tschifu (Yantai) und Tientsin (Tianjin). Die Verbindungen entlang der Küste waren dazu bestimmt, neben der Absicherung des örtlichen Handels- und Passagierverkehrs Zubringerdienste für die großen Linien nach Europa zu leisten. Wegen häufig auftretender Probleme bei der Beschaffung von Kohle in diesem Fahrtgebiet beteiligte sich die Hamburg-Amerika Linie 1901 in Port Said an der Gründung eines Kohlendepots.

Seit 1900 nahm die Hamburg-Amerika Linie an der Postdienstentschädigung teil, die das Deutsche Reich für die Unterhaltung des ostasiatischen Reichspostdampferdienstes ausgesetzt hatte. Diese Hilfeleistungen des Staates trugen in internationalen Schifffahrtskreisen dazu bei, daß sich die Annahme, die Hamburger Reederei würde ihren Aufstieg mittels Staatsbeihilfen forcieren, verfestigte. Das führte dazu, daß im Oktober 1903 eine Neuregelung des von der Hamburg-Amerika Linie und dem Norddeutschen Lloyd gemeinsam betriebenen ostasiatischen Geschäftszweiges erfolgte. Im Ergebnis dieser Neuregelung übernahm die Hamburg-Amerika Linie erneut den Frachtdampfer–Dienst und der Norddeutsche Lloyd den gesamten Reichspostdampfer–Dienst auf dieser Route. Das Hamburger Unternehmen überließ ihren neuen Reichspostdampfer Kiautschou dem Partner aus Bremen und erhielt dafür 5 Frachtdampfer mit zusammen 20 700 BRT. Nach dieser Neuregelung konnten beide Reedereien wieder unabhängig voneinander über ihre Schiffe verfügen. Die Hamburg-Amerika Linie verlor damit zwar die mit dem Reichspostdampfer–Dienst verbundenen Entschädigungsbeiträge, die Reedereien wurden dafür aber wesentlich unabhängiger.

Parallel zum Ostasien–Dienst entwickelte sich der Reichspostdampfer–Dienst nach Australien. Die bereits genannte Eröffnung dieser Verbindung erfolgte 1896 durch den Postdampfer SAILER des Norddeutschen Lloyd. Die Entfernung von Bremerhaven nach Sydney beträgt etwa 11710 Seemeilen. Ein Schiff mit einer durchschnittlichen Reisegeschwindigkeit von etwa 15 Knoten benötigte für diese Entfernung, ohne Aufenthalt in einem Zwischenhafen und bei der Fahrt durch den Suezkanal, ca. 33 Tage. Als mit Genehmigung der Reichsregierung die Zweiglinie Hongkong–Sydney wegfiel, wurden dafür die Abfahrten von Singapore über Deutsch-Neu Guinea nach Sydney verdoppelt. Etwa ab 1903 eröffnete der Norddeutsche Lloyd auf dieser Linie eine 6wöchige Verbindung. Im Dienst befanden sich die beiden Lloyd-Schiffe PRINZ SIGISMUND (3 302 BRT) und PRINZ WALDEMAR (3 227 BRT). Mit dieser Linie war nicht nur der Ausfall der Route Hongkong–Sydney ausgeglichen, sondern auch der direkte Verkehr zwischen Deutschland und den ehemaligen Südsee-Kolonien hatte sich verbessert. Ab 18. Oktober 1905 eröffnete der Norddeutsche Lloyd eine neue Frachtlinie nach Australien. Neben verschiedenen Eisenwaren, wie Nägel oder Draht, gehörten u. a. Papier, Chemikalien, Spielwaren, Bier, Nähmaschinen und Musikinstrumente (Pianos) zur Ladung. Da zu jener Zeit der überwiegende Teil der Frachtschiffe auch mit Passagiereinrichtungen versehen war und auch spezielle Fracht- und Passagierschiffe auf dieser Linie verkehrten, stieg die Zahl der Auswanderer nach Australien ständig an.

Ab 1913 wurde Tasmanien in den Verkehrsbereich des Norddeutschen Lloyd einbezogen. Alle zwei Wochen legte ein Schiff dieser Reederei im Hafen von Hobart an. Am 1. 10. 1913 richtete die Hamburg-Amerika Linie mit dem Norddeutschen Lloyd eine Linie für den 4wöchentlichen Fracht- und Personenverkehr über Emden nach Australien ein.

Reichspostdampfer PRINZ SIGISMUND verläßt Sydney. Foto: Sammlung Rothe

Die deutsche Dampfschiffahrt nach Afrika eröffnete im März 1880 der Dampfer ALINE WOERMANN des 1837 gegründeten Hamburger Handelshauses C. Woermann. Dieses mit 1 279 BRT vermessene Schiff wurde auf der Reiherstiegwerft in Hamburg gebaut und lief 1879 vom Stapel. Die Firma C. Woermann setzte diesen Dampfer vorwiegend zur Beförderung eigener Frachtgüter zwischen Hamburg und verschiedenen Häfen Westafrikas ein. Mit der Indienststellung der Dampfer CARL WOERMANN (1 956 BRT), PROFESSOR WOERMANN (1 611 BRT), ELLA WOERMANN (1 666 BRT), ANNA WOERMANN (1 118 BRT) und ERNA WOERMANN (1 119 BRT) erweiterte die Firma ihre Flotte. Diese Schiffe liefen unter der Flagge »C. Woermann's Deutsche Dampfschiffahrt« – so der Name des Unternehmens seit 1882 – auf der Route zwischen Hamburg, Liberia und Kamerun.

Nach Abschluß eines Vertrages mit dem Deutschen Reichspostministerium im Jahre 1882 führten die Schiffe der Woermannreederei zusätzlich die deutsche Postdampfer-Flagge. Neben dem Woermann-Unternehmen unterhielt nur noch die britische Union-Castle Mail S. S. Co., Liverpool, einen Liniendienst nach Afrika. Die Errichtung deutscher Kolonien in Afrika (Deutsch-Ostafrika, Deutsch-Südwestafrika, Kamerun und Togo) durch das deutsche Kaiserreich forderte eine stärkere Flotte für dieses Einsatzgebiet. Die annektierten Länder Afrikas wurden erbarmungslos ausgebeutet. Um die Güter, es handelte sich dabei vor allem um Kautschuk, Kupfer, Edelhölzer, Hanf, Elfenbein und viele Nahrungs- und Genußmittel, aus den Kolonien nach Deutschland zu bringen, benötigte das Deutsche Reich eine große und leistungsstarke Flotte.

Am 15. Juni 1885 wurde in Hamburg aus der ehemaligen Reedereiabteilung des Handelshauses C. Woermann die Afrikanische Dampfschiffs-Actiengesellschaft (Woermann-Linie) gegründet. Die neuen Schiffe, die in Dienst gestellt wurden, bedienten vorerst nur die afrikanische Westküste. Zu den größten Kolonien Deutschlands bestand somit noch keine

Der Lloyddampfer BREMEN (links) und der britische Dampfer MONGOLIA am Pier in Melbourne. Foto: Sammlung Rothe

direkte Schiffsverbindung. Um nicht länger auf ausländische Schiffe angewiesen zu sein, kam es am 19. April 1890 in Hamburg zur Gründung der Deutschen Ost-Afrika-Linie. Im Mai des gleichen Jahres schloß diese Reederei mit dem Deutschen Reich einen Vertrag mit der Zusicherung eines jährlichen Zuschusses aus Reichsmitteln ab. Die Deutsche Ost-Afrika-Linie wurde verpflichtet, einen regelmäßigen Liniendienst zwischen Deutschland und Deutsch-Ostafrika abzusichern. Als erste Schiffe in diesem neuen Einsatzgebiet kamen die von der Woermann-Linie gekauften Dampfer EDUARD BOHLEN (2202 BRT) und ALINE WOERMANN (2192 BRT), umbenannt in REICHSTAG und BUNDESRATH, in Dienst. Als ersten Neubau stellte die Reederei 1890 den Dampfer KANZLER (2838 BRT) in Dienst, der aber am 5. September 1891 auf einer Reise von Hamburg nach Moçambique auf der Pinda-Sandbank (Rovuma-Delta, Tansania) strandete und somit der Reederei schon nach kurzer Zeit verlorenging.

Am 27. Oktober 1906 begann die Hamburg-Bremer Afrika-Linie AG, die aus der Chinesischen Küstenfahrt-Gesellschaft hervorging, mit einem Liniendienst zum westlichen Afrika. Dabei gewährte ihr der Norddeutsche Lloyd Unterstützung. Aber auch die Hamburg-Amerika Linie erkannte ihre Chance und bot ihrerseits der Woermann-Linie ihre Hilfe an. Bedingung war dabei, daß fortan auch Schiffe der Hamburg-Amerika Linie im Afrika–Dienst eingestellt werden sollten. Ehemalige Woermann-Schiffe fuhren künftig unter der Reedereiflagge der Hamburg-Amerika Linie, blieben jedoch unter der Regie ihrer ursprünglichen Reederei.

Ein heftiger Konkurrenzkampf begann nun auch in diesem Fahrtgebiet. Im Jahr 1908 einigten sich jedoch die Reedereien auf einen untereinander abgestimmten Afrika–Dienst. Es wurde ein gemeinsamer Fahrplan aufgestellt. Dem gemeinsamen Liniendienst unterstellte die Hamburg-Amerika Linie 8 Schiffe mit etwa 31000 BRT, die Woermann-Linie 37 Schiffe mit 97000 BRT und die Hamburg-Bremer Afrika-Linie 10 Schiffe mit 23000 BRT. Die Deutsche Ost-Afrika-Linie, die Woermann-Linie und die Hamburg-Bremer Afrika-Linie A. G. beabsichtigten im Jahre 1914 das gemeinsame Befahren folgender Liniendienste:

1. monatlich 2 Abfahrten (westliche Rundfahrt um Afrika);
2. monatlich 2 Abfahrten (östliche Rundfahrt um Afrika);
3. regelmäßige Verbindung zwischen den Häfen Deutsch-Ost-Afrikas und Portugiesisch-Ost-Afrikas im Anschluß an die Hauptdampfer;
4. regelmäßige Passagier- und Postverbindung zwischen Bombay und der Ost- sowie Südostküste Afrikas und Madagaskars.

Der Beginn des ersten Weltkriegs im August 1914 ließ diese Pläne nicht mehr Realität werden.

Am 6. September 1889 wurde in Hamburg die Deutsche Levante-Linie gegründet. Mit 4 neuen Schiffen nahm sie zu Beginn des Jahres 1890 den regelmäßigen Verkehr zu den Mittelmeerhäfen auf. Die ersten Schiffe der neuen Reederei waren ausgesprochene Frachtschiffe, die nur gelegentlich Passagiere beförderten. Im Jahre 1896 gehörten zur Flotte der Deutschen Levante-Linie 9 und 1902 bereits 27 Schiffe. Das vorrangige Ziel der Gesellschaft war die Errichtung einer regelmäßigen Schiffahrtslinie von Hamburg über Antwerpen nach Griechenland, der Türkei und den Donau-Ländern. Bis 1899 bediente die Deutsche Levante-Linie 30 Häfen direkt, davon Algier nur für den Passagierverkehr. Alle übrigen Linien waren vorrangig für den Frachtverkehr bestimmt. Von 1896 bis 1900 unternahm die Flotte der Deutschen Levante-Linie 305 Reisen nach dem Orient. Im Herbst 1898 stellte die Gesellschaft den Express-Dampfer PERA (2678 BRT) in Dienst. Dieses Schiff konnte neben Frachtgütern 105 Kajütpassagiere aufnehmen. Die 1899 von der Hamburg-Süd angekaufte STAMBUL (ex CINTRA, 2643 BRT) bot bereits 300 Passagieren Platz, davon 56 Kajütpassagieren. Der bei Blohm & Voß in Hamburg gebaute Express-Dampfer THERAPIA vervollständigte die Flotte der Deutschen Levante-Linie ab 1902. Das Schiff hatte eine Länge von 117 Metern, war 15 Meter breit und besaß einen Tiefgang von 8 Metern. Es zeichnete sich besonders durch seinen ruhigen Gang aus. Die Maschinen entwickelten eine Durchschnittsgeschwindigkeit von etwa 13 Knoten. Die THERAPIA war für 90 Kajütpassagiere eingerichtet. Die Reederei legte bei ihrer Werbung besonderen Wert darauf, daß an

Bord dieses Schiffes die Betten ausschließlich zu ebener Erde und nicht übereinander angebracht waren. Vom Speisesalon, der sich mittschiffs befand, gelangte man zum Rauchzimmer und zum Damensalon. Außerdem hatte die THERAPIA ein 80 Meter langes Promenadendeck.

Mit dieser Flotte ausgestattet, war die Deutsche Levante-Linie in der Lage, einen regelmäßigen Passagierverkehr abzusichern. Reisenden aus West- und Süddeutschland bot die Reederei die Möglichkeit, in Zeebrügge oder in Dover an Bord zu gehen. Ausgangspunkt einer jeden Reise war jedoch der Heimathafen aller Levante-Schiffe und Sitz der Reederei Hamburg.

Von der Hamburg-Amerika Linie wurde im Februar 1902 auf Anregung der Deutschen Levante-Linie eine regelmäßige Frachtdampferverbindung zwischen den Häfen der Levante und New York eingerichtet. Es sollten je 2 Schiffe der Deutschen Levante-Linie und der Hamburg-Amerika Linie in einer Betriebsgemeinschaft zum Einsatz kommen. Damit wollten beide Reedereien Konkurrenzbestrebungen ausländischer Unternehmen zuvorkommen. Das Frachtaufkommen zwischen der Levante und Nordamerika war jedoch unzureichend. So wurde diese Verbindung bereits 1904 wegen zu hoher Verluste wieder eingestellt. Eine andere nennenswerte Betriebsgemeinschaft der Hamburg-Amerika Linie in der Levante bildete sich im Herbst 1905. Partner der deutschen Reederei wurde die Rumänische Serviciual Maritim roman. 1906 eröffnete diese Gemeinschaft mit 5 Schiffen einen Schnelldampfer-Dienst Konstanza (Constanta)–Konstantinopel (Istanbul)–Port Said. Damit war es möglich,

Teil des oberen Speisesaals der OCEANA. Foto: Sammlung Rothe

Port Said von Berlin aus in $4^1/_2$ Tagen zu erreichen. 1906 kam es zwischen der Hamburg-Amerika Linie, dem Norddeutschen Lloyd und der Deutschen Levante-Linie zur Errichtung eines gemeinsamen Passagier- und Frachtdienstes von Marseille und Genua über Neapel und Piräus nach Smyrna, Konstantinopel und Odessa. Mit der CORCOVADO der Hamburg-Amerika Linie wurde am 15. April 1914, nach 10jähriger Unterbrechung, der Levante-Dienst nach Nordamerika wieder aufgenommen.

Vor der Jahrhundertwende waren Versuche, mit Luxusjachten Geld zu verdienen, noch ungewöhnlich. Sie sind jedoch ein nicht unbedeutender Meilenstein auf dem Wege zur heutigen Kreuzschiffahrt.

Das erste Schiff der Welt, das speziell für Kreuzfahrten gebaut wurde und über 180 Plätze in der I. Klasse verfügte, lief am 28. Juni 1900 als PRINZESSIN VICTORIA LUISE (4419 BRT) für die Hamburg-Amerika Linie auf der Werft von Blohm & Voss in Hamburg vom Stapel. Ein Schiff ähnlicher Art war der Salonschnelldampfer COBRA, der am 15. Dezember 1902 an der Riviera zum Einsatz kam. Dieses Hapag-Schiff der Nordseelinie Hamburg verfügte ebenfalls nur über Einrichtungen für Passagiere der I. Klasse. Es fuhr in den Wintermonaten von Genua über San Remo nach Monte Carlo und Nizza und kehrte am nächsten Tag wieder zurück. Kein Ozeanschiff, aber dennoch ein Wegbereiter des Seetourismus, war die am 15. März 1904 bei Blohm & Voss vom Stapel gelassene METEOR (3615 BRT), die ähnlich der PRINZESSIN VICTORIA LUISE für Kreuzfahrten bestimmt war, jedoch über weniger Luxus verfügte. Das steigende Interesse an Touristenreisen nach Ägypten veranlaßte die Hamburg-Amerika Linie am 23. Oktober 1906, eine Schiffsverbindung zwischen Neapel und Alexandrien einzurichten. Der Hamburg-Amerika Linie gelang es, einen gut durchdachten Zubringerdienst, den »Ägypten-Express«, der von Berlin über den Brenner nach Neapel verkehrte, zu organisieren. Während der Ägyptensaison (Januar bis März) fuhr dieser Luxuszug jede Woche. In Neapel gab es einen unmittelbaren Anschluß per Schiff nach Alexandrien, wo ein Sonderzug weiter nach Kairo verkehrte. Diese Organisation ermöglichte es, in 108 Stunden von Berlin aus Kairo zu erreichen.

Die britische Reederei Egyption Mail Steamship Co. Ltd. ließ vom 5. Januar 1908 an die CAIRO und die HELIOPOLIS, zwei schnelle Turbinendampfer, von Marseille nach Neapel und Alexandrien laufen. Die Geschwindigkeit der Schiffe, 22 Knoten, erlaubte eine erneute Verkürzung der Reisedauer von Berlin nach Kairo (96 Stunden). Die Hamburg-Amerika Linie zog ihre OCEANA daraufhin aus dem Ägyptenverkehr und schloß sich mit der britischen Reederei zu einer Betriebsgemeinschaft zusammen.

Trotz aller anderen Schiffahrtslinien blieb das Geschäft auf den Linien im Nordatlantik für alle Reedereien dennoch am lukrativsten. Hier konzentrierten sich auch weiterhin alle führenden europäischen und nordamerikanischen Großreedereien mit ihren schnellsten und größten Schiffen.

Nachdem die beiden Turbinenschiffe LUSITANIA und MAURETANIA, die erstmals die 30000 BRT-Grenze überschritten hatten, 1907 für Großbritannien das »Blaue Band« zurückerobert hatten, gab die britische White Star Line zwei Passagierschiffe in Auftrag, die an die 50000 BRT-Grenze heranreichen sollten. Großbritannien verfügte mit diesen beiden Schiffen über die größten und schnellsten Schiffe der Welt. Daraufhin gab die Hamburg-Amerika Linie im Jahre 1910 ein noch gewaltigeres Schiff in Auftrag, denn Deutschland sollte unbedingt wieder das größte Schiff der Welt vorweisen können. Dabei setzte sich die Reederei jedoch nicht das Ziel, den Schnelligkeitsrekord der Cunard-Schiffe zu brechen. Bei den neu errichteten Vulcan-Werken in Hamburg (spätere Howaldts-Werke-Deutsche Werft AG) ließ die Hamburg-Amerika Linie am 18. Juni 1910 den Kiel zu einem Riesenschiff legen, dessen BRT die der britischen Tonnage der Olympic-Klasse noch weit übertreffen sollte. Die Katastrophe der TITANIC war noch in aller Munde, als Kaiser Wilhelm II., der mit großem Gefolge nach Hamburg angereist war, den neuen Ozeanriesen am 23. Mai 1912 auf den Namen IMPERATOR taufte. Die Baukosten betrugen etwa 40 Millionen Reichsmark. Die IMPERATOR übertraf alle bisher vom Stapel gelassenen Schiffe an Größe. Somit konnte die Hamburg-Amerika Linie mit diesem 52117 BRT großen Riesen wieder von sich behaupten, Besitzer des größten Schiffes der Welt zu sein. Nach zeitgenössischen Angaben wurden für den Bau

Die Imperator im Hamburger Rosshafen. Foto: Sammlung Rothe

25 000 Tonnen Schiffbaustahl (die Stahlplatten waren teilweise 3 bis 6 cm stark), 1 500 Tonnen Nieten und 5 600 Kubikmeter Holz benötigt. Zum Ankergeschirr gehörten 1 200 Meter Ankerkette (220 Tonnen), ein Buganker von 12 Tonnen, zwei Buganker von je 8 Tonnen, ein Reserveanker von 5,2 Tonnen und ein Warpanker von 2,25 Tonnen. Den Schiffsrumpf durchzogen 5 stählerne Decks. Es befanden sich darüber 2 Promenadendecks sowie das Brücken- und das Bootsdeck. Ausgestattet war die Imperator mit 3 Schornsteinen, deren Höhe über dem Wasserspiegel 45 m betrugen. Die 3 Schornsteinovale waren 9 Meter hoch und 5,5 Meter breit. Der hintere Schornstein war »blind«, d. h. er hatte nicht die Funktion eines Schornsteines, denn er diente nur dem äußeren Bild des Schiffes. Die 4 bronzenen Schiffsschrauben hatten einen Durchmesser von je 5 Meter. Den Bug des Schiffes zierte ein 3 Meter hoher, gekrönter Bronzeadler. In seinen Fängen hielt er eine von goldenen Strahlen umgebene Weltkugel mit dem von Albert Ballin geprägten Wahlspruch »Mein Feld ist die Welt«. Diese vorgestreckte Adlerfigur verlieh diesem Schiff eine Gesamtlänge von 277,1 Meter. Alle bis dahin entwickelten technischen Neuerungen fanden auf der Imperator ihre Entsprechung. Erstmals in der Welthandelsflotte wurde die Imperator mit einer kompletten Anschütz-Kreiselkompaß-Anlage ausgerüstet, ein Gerät, das unabhängig vom Magnetfeld der Erde den genauen Kurs des Schiffes anzeigen konnte. Eine weitere technische Neuheit war der Einbau Frahmscher Schlingertanks, deren Fassungsvermögen 500 Kubikmeter Seewasser betrug. Die Erfindung des Hamburger Werftdirektors Frahm hatte sich bereits an Bord der beiden Hapag-Schiffe Corcovado und Ypiranga bewährt. Dieses System ermöglichte es, bei bewegter See die Schiffsschwingungen zu verringern bzw. zu mildern. Die Möglichkeit, der gefürchteten Seekrankeit entgegenzuwirken, war wichtiger Bestandteil bei der Werbung von Passagieren. Auch konnten von der Brücke aus alle Kommandos der Schiffsleitung mittels elektrischer Telegrafen und Telefone zum Maschinenraum übermittelt werden. Das Feuerlöschsystem befand sich für die damalige Zeit auf dem neuesten Stand. Die

An Bord der VATERLAND: Wintergarten. (Salon der I. Klasse).

Fotos: Blohm + Voss AG

einzelnen Schotte waren aus feuersicherem Material, und zur Besatzung gehörte eine ausgebildete Feuerwehr. An Bord gab es in ausreichender Anzahl Rettungsboote, die zum schnelleren Erreichen auf verschiedenen Decks untergebracht waren. Die IMPERATOR verfügte über eine Ladenstraße (Buchhandlung, Blumenläden usw.), Personenaufzüge, Turnhallen und Massageräume, Damenzimmer und Rauchsalons, Schreib- und Lesezimmer und 8 Küchen. Das Schwimmbad mit einem Becken vom Ausmaß 20 × 12,5 Meter war eine besondere Attraktion. Der große Speisesaal, der die ganze Schiffsbreite einnahm, stand mit einem prächtigen Wintergarten in Verbindung. Die Passagiere der I. Klasse konnten im exklusiven Ritz-Carlton-Restaurant speisen. Alle Einrichtungen auf dem Schiff waren streng nach den einzelnen Klassen getrennt. Den Passagieren der I. Klasse standen Zimmer für eine oder zwei Personen zur Verfügung. In der II. Klasse wurden die Reisenden in Kabinen für 2 bis 4 Personen, in der III. Klasse in Kabinen für 2 bis 6 Personen untergebracht. Auch den Passagieren im Zwischendeck bot man eine kajütmäßige Unterkunft an. Wenn sich die sozialen Verhältnisse an Bord im Vergleich zu früheren Jahren auch verbessert hatten, blieben die krassen sozialen Gegensätze jedoch bestehen. Die Einrichtungen für die Passagiere der unteren Passagierklassen waren zwar im Vergleich zu den Vorjahren wohnlicher geworden, standen jedoch in keinem Verhältnis zu den Zimmern der I. Klasse, die zu regelrechten Schiffswohnungen verbunden werden konnten. Einige dieser Luxusappartements umfaßten zwischen 5 und 10 Zimmer.

Die Gesamtleitung des Schiffes oblag dem Kommodore, dem der Betriebskapitän, 3 Wachkapitäne, 7 Offiziere und 29 Ingenieure und Elektriker zur Seite standen. Die übrigen Mitglieder der Besatzung umfaßten 84 Matrosen, 422 Mann Maschinenpersonal (davon 340 Heizer und Kohlentrimmer), 3 Ärzte, 2 Arztgehilfen, 1 Zahlmeister, 1 Proviantverwalter, 3 Zahlmeisterassistenten, 5 Proviantaufseher, 3 Gepäckbeamte, 1 Materialverwalter, 3 Telegrafisten, 3 Telefonisten, 4 Barbiere, 1 Friseur, 3 Drucker, 1 Tischler, 1 Schneider, 1 Gärtner, 4 Fahrstuhlwärter, 1 Bademeister für das Schwimmbad, 2 Oberköche, 116 Köche, 5 Konditoren, 10 Bäcker, 5 Schlachter,

500 Mann Bedienungspersonal, davon 3 Oberstewards, 10 Assistenten, 14 Stewardessen, 62 Stewards und 271 Kellner. An Bord befanden sich somit 1180 Mann Besatzungspersonal und bei voller Auslastung bis zu 4600 Passagiere. Unter dem Kommando von Kommodore Ruser lief die IMPERATOR am 10. Juni 1913 von Cuxhaven zu ihrer Jungfernreise nach New York aus. Auf dieser Route machte sie bis November 1913 5 Hin- und 5 Rückreisen.

Auf diesen Fahrten stellte man fest, daß das Schiff topplastig war, d. h., der Schiffsschwerpunkt lag gefährlich hoch. Die IMPERATOR mußte erneut in die Werft. Zur Verbesserung der Stabilität wurde besonders gewichtiges Mobilar, wie z. B. die Marmorbadewannen der Luxuskabinen, entfernt. Außerdem verkürzte man die Schornsteine um 3 Meter und lagerte im Doppelboden des Schiffsrumpfes 200 Tonnen Beton als Ballast ein. Ein schwerer Sturm während einer Reise nach New York im Frühjahr 1914 zerstörte zwar die Bugverzierung teilweise und die Brecher konnten von der Back 4 Boote herunterreißen, die Gefahr des Kenterns bestand jedoch nicht mehr. Am 29. April 1914 konnte das zweite Schiff der Imperator-Klasse, die 54282 BRT große VATERLAND, fertiggestellt werden. Sie wurde bereits auf ihrer dritten Reise durch die USA in New York interniert. Infolge des ersten Weltkrieges verzögerte sich auch die Fertigstellung der noch größeren BIS-

Dreifach-Expansionsmaschine (4 Zylinder) des Dampfers KAISER WILHELM DER GROSSE. Foto: Sammlung Rothe

MARCK. Obwohl sie nur knapp 2 Monate nach der VATERLAND bei Blohm & Voss vom Stapel lief, konnte sie erst am 28. März 1922 fertiggestellt werden. Die BISMARCK führte die deutsche Flagge nur von Hamburg bis Cuxhaven, wo sie an Großbritannien übergeben wurde. Alle 3 Schiffe der Imperator-Klasse waren Spitzenleistungen der damaligen Schiffbaukunst und blieben noch lange unter britischer bzw. amerikanischer Flagge im Dienst.

Im Jahre 1914, vor Beginn des ersten Weltkrieges, betrug die Gesamttonnage der Welthandelsflotte 45403877 BRT. Davon entfielen auf die USA 4287349 BRT, auf Deutschland 5134720 BRT und auf Großbritannien 18892089 BRT. Deutschland hatte damit nach Großbritannien die zweitgrößte Handelsflotte der Welt und besaß somit den neunten Teil der Welthandelstonnage.

Um einen noch größeren Anteil am kontinentalen Verkehr von Zwischendeckpassagieren zu erzielen, kündigte die Hamburg-Amerika Linie am 1. Oktober 1913 den bestehenden Passagepool des Nordatlantischen Dampferlinien-Verbandes mit Wirkung vom 1. Januar 1914. Im Winter 1913/14 liefen für die Hamburg-Amerika Linie 3 Schiffe von je 20000 BRT vom Stapel, die für die Beförderung einer großen Zahl von Passagieren vorgesehen und mit vielen technischen Neuerungen versehen waren. Dazu gehörte die ADMIRAL VON TIRPITZ, gefolgt von der JOHANN HEINRICH BURCHARD und der WILLIAM O'SWALD. Im Oktober 1914 sollte die FUERST BISMARCK einen neuen ostasiatischen Passagierdienst unter der Hapag-Flagge eröffnen. Doch der Beginn des ersten Weltkrieges änderte die bestehende Situation und die Pläne der Reedereien schnell. Ein großer Teil der deutschen Schiffe suchte bei Kriegsbeginn in den Häfen neutraler Staaten Zuflucht. Verschiedene schnellaufende Schiffe rüstete die Kaiserliche Marine in deutschen oder ausländischen Häfen, oft auch direkt auf See, zu Hilfskreuzern aus. Einige dieser Hilsfkreuzer mußten nach kurzem Einsatz ebenfalls neutrale Häfen anlaufen und wurden dort später interniert. Andere wurden nach Kampfhandlungen von gegnerischen Schiffen oder von der eigenen Besatzung versenkt, um der Aufbringung zu entgehen. Im Kriegsverlauf dienten auch viele Passagierschiffe der Kaiserlichen Marine. Als Versorger, Lazarettschiff oder Truppentransporter kamen sie zum Einsatz.

Internierte deutsche Schiffe im Hafen von New York.
Foto: Sammlung Rothe

Das von der deutschen Propaganda angekündigte baldige Ende des Krieges stellte sich nicht ein. Im Gegenteil, immer mehr Länder erklärten Deutschland den Krieg, und die in den Häfen jener Länder sicher geglaubten Schiffe wurden beschlagnahmt. Am 6. April 1917 erklärten die USA Deutschland den Krieg. 29 in USA-Häfen liegende zivile deutsche Handelsschiffe und 2 dort internierte deutsche Hilfskreuzer wurden beschlagnahmt (zusammen 234000 BRT). Nach Beendigung des Krieges mußte auch der überwiegende Teil der Schiffe, die sich noch in deutschen oder neutralen Häfen befanden, abgeliefert werden. In Verlust geriet auch der gesamte deutsche Schiffsbesitz im Ausland.

Deutschland hatte zugleich mit dem Krieg auch seine neuerworbene Stellung in der Weltschiffahrt verloren. Sah man von den wenigen kleinen Schiffen in der Küstenfahrt ab, so hatte die deutsche Handelsflotte und mit ihr die Passagierschiffahrt aufgehört zu existieren.

Kaiserhafen in Bremerhaven. Foto: Sammlung Rothe

ASTURIA Hapag, Hamburg
Bauwerft: Palmers S. B. & Iron Co., Jarrow /
Baunummer: 706 / 5290 BRT / 3319 NRT /
7410 tdw / 118,9 m Länge reg. / 16,2 m Breite /
1 III-Exp. / 3000 PS / 12 kn / 1 Schr. /
Passagiere: 20 I., 1100 ZwD /
Besatzung: 46

Die ASTURIA war das erste Schiff der A-Klasse der Hamburg-Amerika Linie. Sie lief am 17. März 1896 vom Stapel. Im Mai des gleichen Jahres erfolgte die Ablieferung an die Reederei. Nach ihrer Jungfernreise von Hamburg nach Baltimore im Juni 1896 blieb sie in der Nordatlantikfahrt und lief verschiedene Häfen der USA an. Um 1900 setzte die Hamburg-Amerika Linie die ASTURIA zwischen Hamburg und Japan ein. Am 16. Juni 1901 strandete das Schiff im Golf von Aden vor der afrikanischen Küste beim Kap Guardafui. Die Besatzung der ASTURIA konnte gerettet werden.

Foto: Hapag-Lloyd AG

ADRIA Hapag, Hamburg
Bauwerft: Palmers S. B. & Iron Co., Jarrow /
Baunummer: 707/5472 BRT / 7410 tdw /
121,9 m Länge reg. /15,3 m Breite / 1 IV-Exp. /
3000 PS / 12 kn / 1 Schr. /
Passagiere: 20 I., 1100 ZwD /
Besatzung: 45

Die zur Serie der A-Klasse gehörende ADRIA lief am 27. Mai 1896 vom Stapel und konnte am 29. Juli des gleichen Jahres in Dienst gestellt werden. Am 19. August 1896 verließ sie ihren Heimathafen zur Jungfernreise mit Kurs Baltimore. Ihr Einsatz im Nordatlantik–Dienst wurde im August 1900 unterbrochen, da sie zu diesem Zeitpunkt Truppen und Kriegsmaterial nach China transportieren mußte. Nach erfolgtem Einsatz in Ostasien kam sie wieder im Nordatlantik–Dienst in Fahrt; am 4. April 1904 erstmals auf der Route Stettin–New York. Im März 1905 als NARVA in die Russische Marine eingereiht, wurde das Schiff bei Übernahme in die Russische Freiwilligen-Flotte 1906 in KHAZAN umbenannt. Unter diesem Namen strandete es am 19. April 1906 auf einer Reise vom Schwarzen Meer nach Wladiwostok in der Nähe von Colombo.

Foto: Hapag-Lloyd AG

ARMENIA Hapag, Hamburg
Bauwerft: Palmers S. B. & Iron Co., Jarrow /
Baunummer: 708 / 5472 BRT / 3469 NRT /
7590 tdw / 121,7 m Länge reg. / 15,3 m Breite /
1 IV-Exp. / 3000 PS / 12 kn / 1 Schr. /
Passagiere: 20 I., 1100 ZwD /
Besatzung: 46

Die ARMENIA wurde am 25. Juni 1896 als drittes Schiff der A-Klasse vom Stapel gelassen. Anfang September 1896 erfolgte die Übergabe an die Hamburg-Amerika Linie. Ihre Jungfernreise trat die ARMENIA am 27. September 1896 von Hamburg nach New York an. Neben Nordatlantik-Touren war sie bis zum ersten Weltkrieg auch häufig in ostasiatischen Gewässern eingesetzt. Zu Beginn des Krieges befand sich das Schiff in New York, wo es im August 1914 interniert und am 6. April 1917 vom U. S. Shipping Board beschlagnahmt wurde. Unter US-Flagge fuhr die ARMENIA bis 1923. Abgewrackt wurde sie 1924 durch die Boston Iron & Metal Co. in Baltimore.

Foto: Hapag-Lloyd AG

FRIERDRICH DER GROSSE NDL, Bremen
Bauwerft: A. G. »Vulcan«, Stettin /
Baunummer: 231 / 10531 BRT / 6765 NRT /
11100 tdw / 166,4 m Länge / 18,3 m Breite /
2 IV-Exp. / 7000 PS / 14,5 kn / 2 Schr. /
Passagiere: 216 I., 243 II., 1960 ZwD /
Besatzung: 222

Am 1. August 1896 fand der Stapellauf des auf FRIEDRICH DER GROSSE getauften ersten deutschen Schiffes mit über 10000 BRT statt. Die Jungfernreise führte den Dampfer im November 1896 von Bremerhaven nach Australien. Der Norddeutsche Lloyd setzte das Schiff, neben Reisen nach Australien, auch im Nordatlantik-Dienst ein. Seit 1907 lief die FRIEDRICH DER GROSSE New York auch von Mittelmeerhäfen aus an. In New York wurde das Schiff im August 1914 interniert und am 6. April 1917 von der US-Navy beschlagnahmt. Umbenannt in HURON und als Truppentransporter wieder zum Einsatz gebracht, erfolgte 1919 die Übergabe an den U. S. Shipping Board, der bei der Firma Morse D. D. & Repair Co., Brooklyn, das Schiff auf Ölfeuerung umbauen ließ. Die Los Angeles S. S. Co. charterte das Schiff 1922 und setzte es, umbenannt in CITY OF HONOLULU, im Dienst nach Hawaii ein, wo es am 12. Oktober 1922 auf der Heimreise von Honolulu in Brand geriet. Die Passagiere und die Besatzung übernahm der US-Transporter THOMAS, der am 17. Oktober das ausgebrannte Wrack durch Geschützfeuer versenkte.

Foto: Sammlung Rothe

1 Wohnräume für Kellner II. Klasse
2 Rauchsalon II. Klasse
3 Hiltssalon und Schlafkammer II. Klasse
4 Rudermaschine
5 Damensalon II. Klasse
6 Speisesaal II. Klasse
7 Gepäckraum
8 Wellentunnel
9 Proviant
10 Pantry II. Klasse
11 Schlafkammer I. Klasse
12 Wohnräume für Heizer
13 Kohlebunker
14 Rauchsalon I. Klasse
15 Offiziersеßzimmer
16 Küche I. Klasse
17 Pantry I. Klasse
18 Kleiner Speisesaal I. Klasse
19 Hauptspeisesaal I. Klasse
20 Vorplatz und Kabinen I. Klasse
21 Gesellschaftszimmer
22 Offizierswohnräume
23 Staatskabinen
24 Baderaum und Toiletten

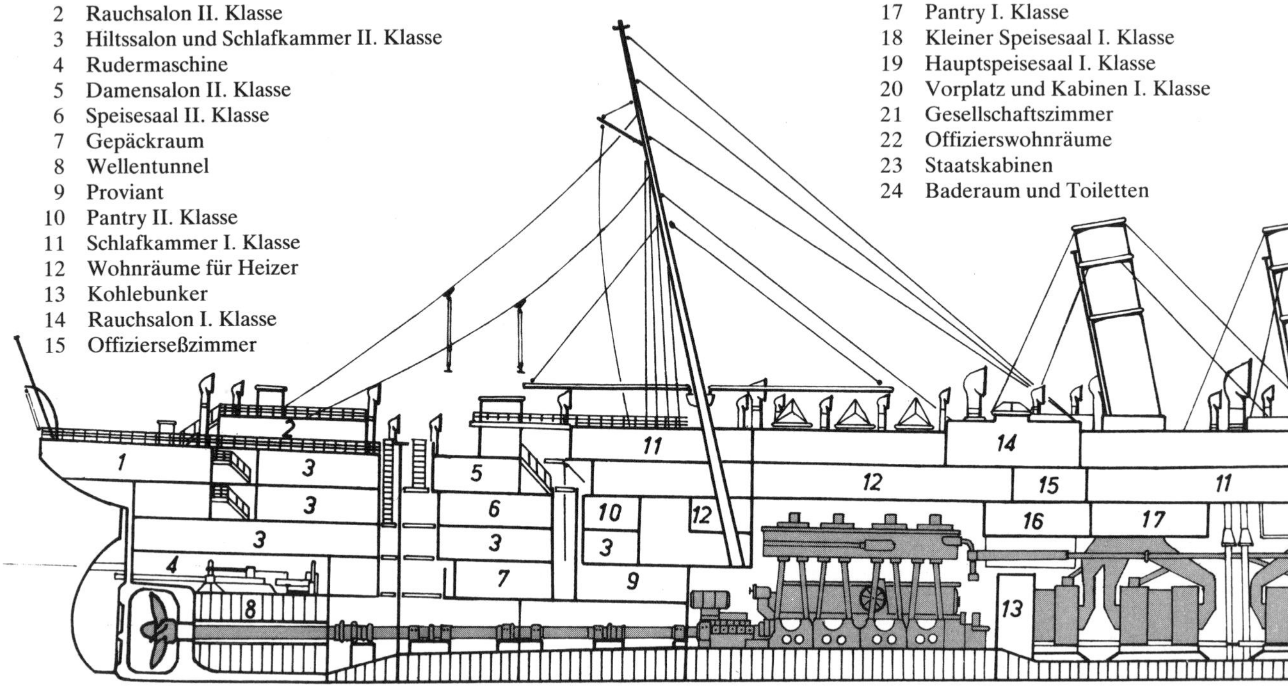

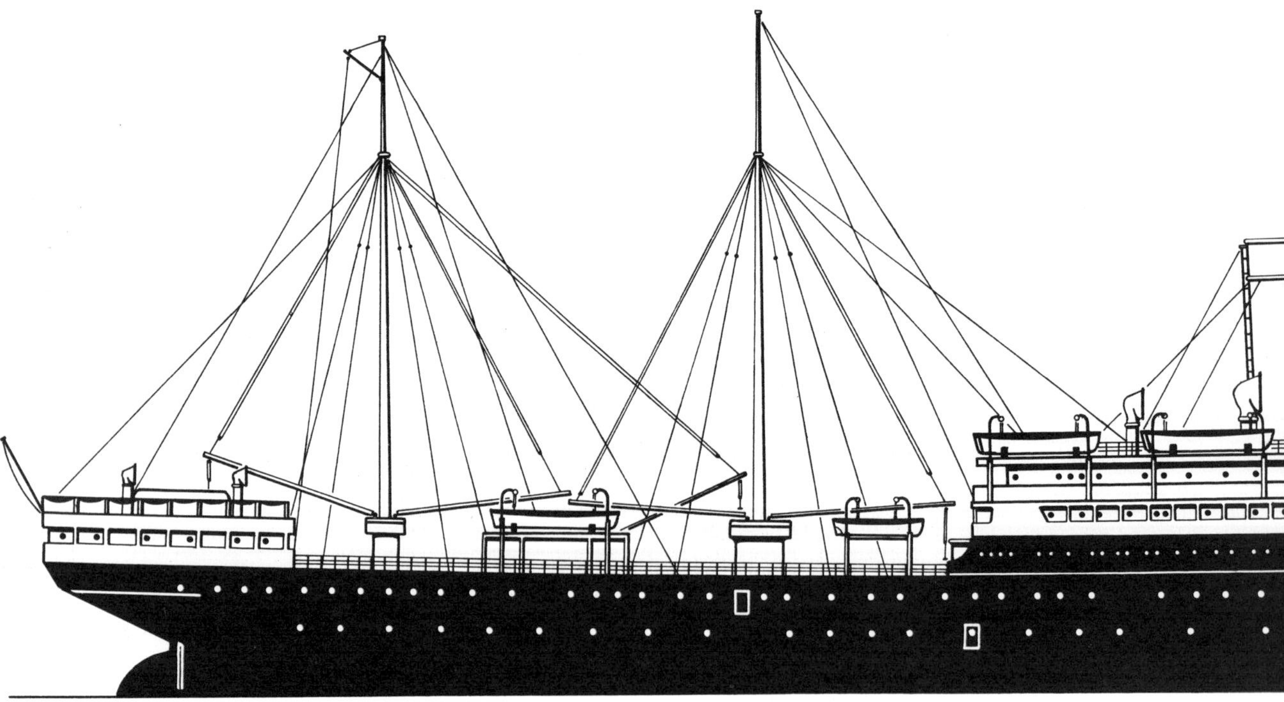

ellner I. Klasse
/ohnräume für Zwischendeck
ɔeisesaal für Kinder
esezimmer I. Klasse
apitänswohnzimmer
uderhaus
artenzimmer
ampfküche
epäckräume

34 Laderaum
35 Kettenkasten
36 Proviant für Zwischendeck
37 Wohnraum für Matrosen
38 Ankerlichtmaschine
39 Schiffsvorräte
40 Zimmermannswerkstatt

Kaiser Wilhelm der Grosse

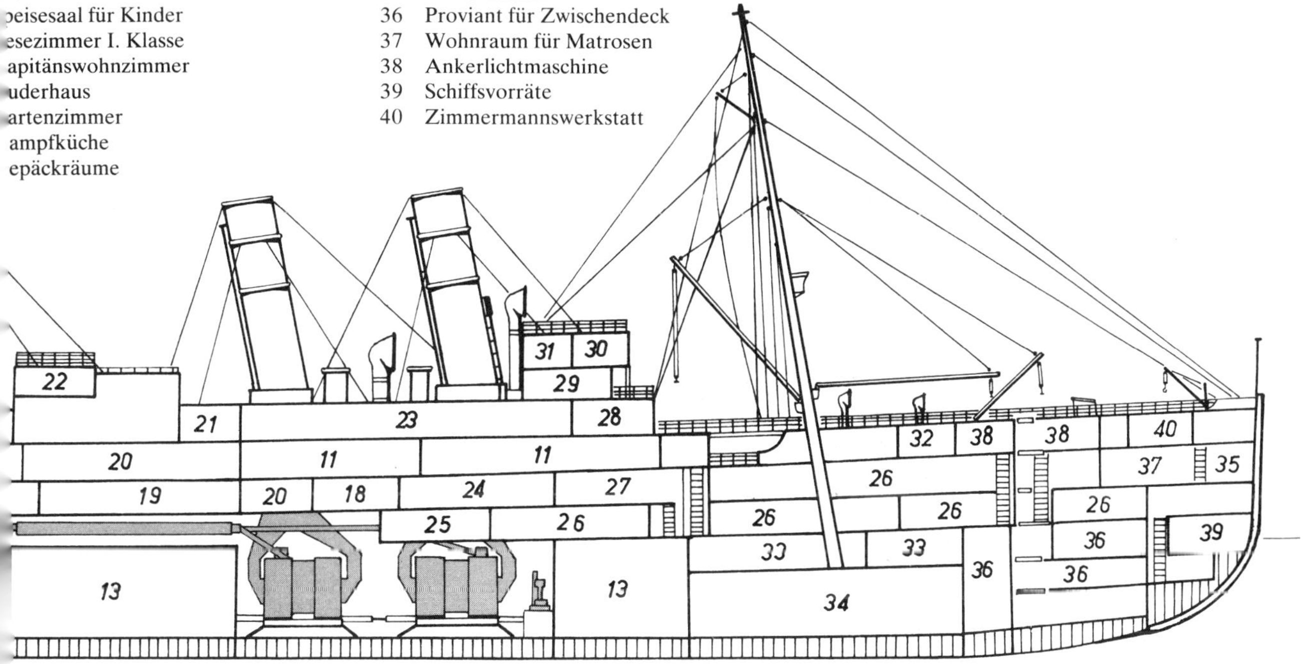

Pennsylvania

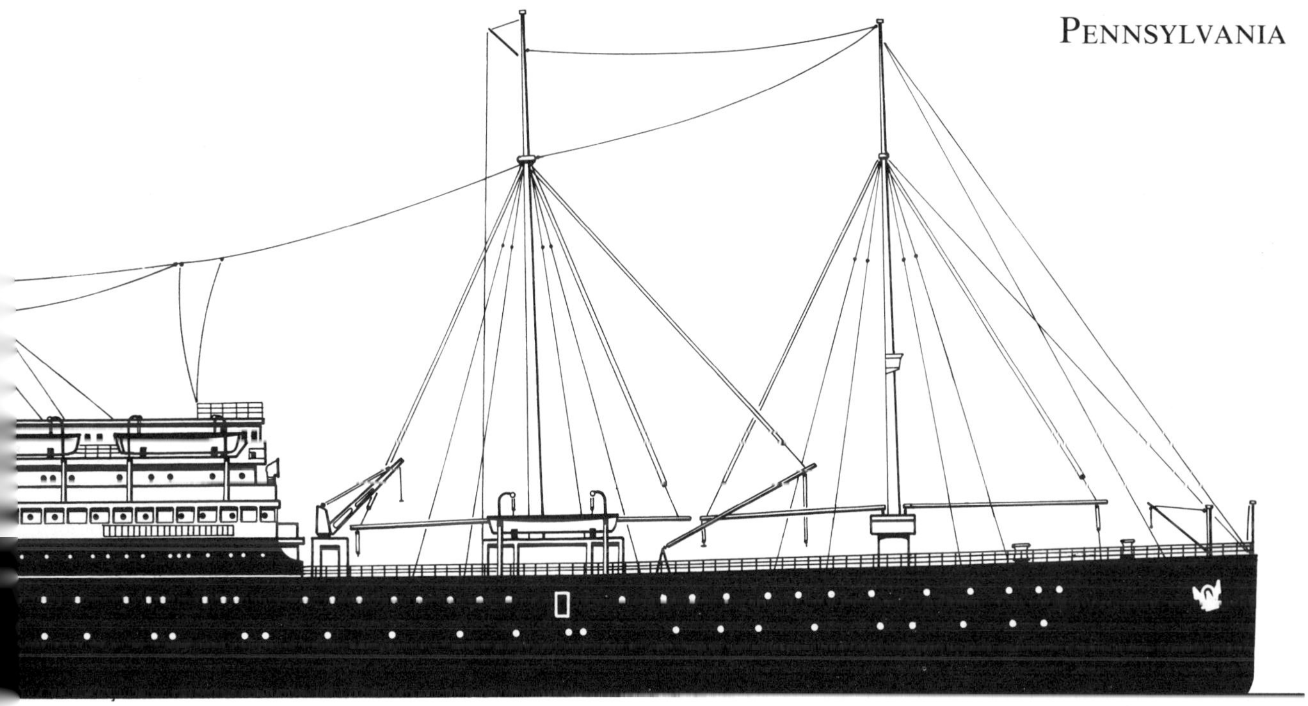

ANDALUSIA Hapag, Hamburg
Bauwerft: Palmers S. B. & Iron Co., Jarrow /
Baunummer: 709 / 5433 BRT/ 3477 NRT /
7475 tdw / 121,3 m Länge reg. / 15,2 m Breite /
1 IV-Exp. / 3000 PS / 12 kn / 1 Schr. /
Passagiere: 20 I., 1305 ZwD /
Besatzung: 51

Die ANDALUSIA war das vierte Schiff der Gruppe der Fracht- und Passagierschiffe, welche von der Hamburg-Amerika Linie zwischen 1896 und 1901 in Dienst gestellt wurden und deren Name jeweils mit einem A anfing. Am 1. September 1896 vom Stapel gelassen, konnte das Schiff im November des gleichen Jahres an die Hamburg-Amerika Linie übergeben werden. Am 6. Januar 1897 lief die ANDALUSIA zu ihrer Jungfernreise von Hamburg nach New York aus. Sie blieb jedoch nicht auf der Nordatlantik-Route, sondern wurde Anfang 1898 nach Ostasien eingesetzt. Auch die ANDALUSIA transportierte Truppen und Kriegsmaterial zur Niederwerfung des Boxeraufstandes nach Nordchina. Bis zum Ausbruch des ersten Weltkrieges blieb das Schiff in diesem Fahrtgebiet. Am 18. August wurde es in Manila interniert und im April 1917 vom U. S. Shipping Board beschlagnahmt. Es blieb bis zum Abbruch 1925 unter US-Flagge.

Foto: Hapag-Lloyd AG

Barbarossa NDL, Bremen
Bauwerft: Blohm & Voss, Hamburg /
Baunummer: 115 /10769 BRT / 6386 NRT/
10400 tdw / 167,1 m Länge / 18,3 m Breite /
2 IV-Exp. /7000 PS / 14,5 kn / 2 Schr. /
Passagiere: 230 I., 227 II., 1940 ZwD /
Besatzung: 226

Die Barbarossa, Typschiff der Barbarossa-Klasse, lief am 5. September 1896 in Hamburg vom Stapel. Sie war nach ihrer Fertigstellung am 3. Januar 1897 um 3000 BRT größer als die Phoenicia der Hamburg-Amerika Linie, das bis zu dieser Zeit größte aller bei Blohm & Voss erbauten Schiffe. Nach Antritt ihrer Jungfernreise am 8. Januar 1897, sie führte von Bremerhaven nach Australien, setzte die Reederei die Barbarossa je nach Bedarf im Nordatlantik–Dienst oder nach Australien ein. Beim Ausbruch des ersten Weltkrieges befand sich das Lloyd-Schiff in den USA, wo es im August 1914 in New York interniert wurde. Nach der Beschlagnahme der Barbarossa durch die USA am 6. April 1917 erfolgte die Umbenennung in Mercury. Bis zum Kriegsende war das Schiff als Transporter für die US Navy eingesetzt. 1919 wurde es dem U. S. Shipping Board übergeben. Im Juli 1920 charterte die Baltic S. S. Corp. of America die Mercury für den Dienst New-York–Danzig. Zum geplanten Einsatz des Schiffes ist es jedoch durch die Liquidation der Reederei nicht gekommen. Die ehemalige Barbarossa wurde daraufhin in Baltimore aufgelegt und 1924 in Boston verschrottet.

Foto: Sammlung Rothe

PENNSYLVANIA Hapag, Hamburg
Bauwerft: Harland & Wolff, Belfast /
Baunummer: 302 / 12 891 BRT / 8 251 NRT /
14 500 tdw / 176,5 m Länge / 18,9 m Breite /
2 IV-Exp. / 5 400 PS / 13 kn / 2 Schr. /
Passagiere: 162 I., 180 II., 2 380 ZwD /
Besatzung: 250

Das Zwei-Schrauben-Schiff PENNSYLVANIA lief am 10. September 1896 in Belfast vom Stapel und wurde am 30. Januar 1897 in Dienst gestellt. Ihre Jungfernreise führte sie am gleichen Tag von Belfast nach New York. Die PENNSYLVANIA war für kurze Zeit das größte in Fahrt befindliche Schiff der Welt. Sie machte ihre erste Reise am 22. März 1897 vom Heimathafen Hamburg nach New York und blieb später auch weiterhin auf dieser Route im Einsatz. Der Dampfer konnte besonders viele Auswanderer im Zwischendeck bzw. Rückfracht von den USA aufnehmen. Die PENNSYLVANIA wurde im August 1914 in New York interniert und am 6. April 1917 vom U. S. Shipping Board beschlagnahmt. Umbenannt in NANSEMOND stellte die US Navy das Schiff bis zur Beendigung des ersten Weltkrieges als Transporter in ihren Dienst. Das U. S. Shipping Board erhielt die NANSEMOND 1919 zurück und legte sie bis 1924 im Hudson auf. Die letzte Station war 1924 eine Abwrackwerft in Baltimore.

Foto: Sammlung Rothe

ARCADIA Hapag, Hamburg
Bauwerft: Harland & Wolff, Belfast /
Baunummer: 308 / 5446 BRT / 3412 NRT /
7140 tdw / 121,4 m Länge reg. / 14,9 m Breite /
1 IV-Exp. / 3000 PS / 12 kn / 1 Schr. /
Passagiere / 20 I., 1135 ZwD /
Besatzung: 47

In Belfast lief am 8. Oktober 1896 die ARCADIA vom Stapel. Das Schiff wurde im Januar 1897 an die Hamburg-Amerika Linie abgeliefert, die es auf der Route nach Nordamerika zum Einsatz brachte. Das genaue Datum der Jungfernreise ist nicht bekannt. Auch die ARCADIA war für Transporte zur Zeit des Boxeraufstandes nach China unterwegs. Neben ihren Fahrten im Nordatlantik brachte die Reederei den Dampfer auch nach Ostasien in Fahrt. In Newport News blieb die ARCADIA vom August 1914 bis zum Kriegseintritt der USA aufgelegt. Das U. S. Shipping Board beschlagnahmte am 6. April 1917 das Schiff. 1920 wurde es an die Acme Operation Co., Seattle, verchartert; zwei Jahre später an die California S. S. Co., Panama. Über den Einsatz in dieser Zeit ist nichts bekannt. 30 Jahre nach ihrem Stapellauf wurde das Schiff abgewrackt.

Foto: Sammlung Fuchs

Königin Luise NDL, Bremen
Bauwerft: A. G. »Vulcan«, Stettin /
Baunummer: 232 / 10566 BRT / 6723 NRT /
11100 tdw / 168,3 m Länge / 18,3 m Breite /
2 IV-Exp. / 7000 PS / 14,5 kn / 2 Schr. /
Passagiere: 225 I., 235 II., 1940 ZwD /
Besatzung: 231

Die Königin Luise, vom Norddeutschen Lloyd für den Einsatz im Nordatlantik und für Fahrten nach Australien bestimmt, lief am 17. Oktober 1896 vom Stapel und konnte am 22. März 1897 zu ihrer Jungfernreise von Bremerhaven nach New York auslaufen. In der Zeit von 1904 bis 1914 setzte der Norddeutsche Lloyd die Königin Luise auf der Route Mittelmeer–New York ein. Am 10. April 1919 wurde das Schiff an Großbritannien abgeliefert und dort von der Orient Steam Navigation Co. Ltd. London, im Auftrag des Shipping Controllers bereedert. Auch unter britischer Flagge fuhr der Dampfer nach Australien; erstmals am 4. September 1920. Am 8. September 1920 kollidierte die Königin Luise in Lissabon mit dem britischen Dampfer Loughborough und brachte den Dampfer zum sinken. Die britische Orient S. N. Co., London, kaufte im Januar 1921 das Schiff und behielt es bis 1924 als Omar in ihren Dienst.

Im Juli 1924 erwarb eine andere Londoner Reederei die Omar und stellte das Schiff als Edison zwischen Griechenland und New York in Dienst. Der Abbruch des ehemals deutschen Schiffes erfolgte 1935 in Italien.

Foto: Sammlung Rothe

BREMEN NDL, Bremen
Bauwerft: F. Schichau, Danzig /
Baunummer: 583 / 10 552 BRT / 6 683 NRT /
10 900 tdw / 167,6 m Länge / 18,4 m Breite /
2 IV-Exp. / 6 900 PS / 14,5 kn / 2 Schr. /
Passagiere: 230 I., 250 II., 1 850 ZwD /
Besatzung: 250

Am 14. November 1896 war in der Danziger Werft der Stapellauf der BREMEN. Das Schiff konnte am 26. Mai 1897 fertiggestellt werden. Die BREMEN trat am 5. Juni 1897 ihre Jungfernreise von Bremerhaven nach New York an und wurde dann im Nordatlantik- oder Australien–Dienst eingesetzt.

Am 30. Juni 1900 teilte sie das Schicksal mit anderen Schiffen des NDL, die sich ebenfalls an den Kais in Hoboken (New York) befanden und von einem Großfeuer erfaßt wurden. Es gelang, die BREMEN in freies Wasser zu schleppen, wo das Schiff jedoch auf Grund geriet. An Bord der BREMEN gab es 12 Tote. Erst im Oktober 1900 konnte das Schiff nach provisorischer Instandsetzung die Heimreise antreten. Nach einem Jahr, im Oktober 1901 waren Reparatur und Umbau der BREMEN abgeschlossen, wurde das Schiff wieder in Dienst gestellt. Im September 1905 hatte die BREMEN auf der Heimreise von New York nach Bremen eine folgenschwere Havarie. Das manövrierunfähige Schiff wurde von einem Tanker nach Halifax geschleppt. Die BREMEN überstand den ersten Weltkrieg, mußte aber im April 1919 an Großbritannien ausgeliefert werden. Unter britischer Flagge kam die BREMEN in der Australienfahrt zum Einsatz. Nach dem Ankauf von Byron S. N. Co., London, wurde sie 1921 als CONSTANTINOPLE zwischen Griechenland und den USA in Dienst gestellt. 1923 erhielt sie den Namen KING ALEXANDER. Unter diesem Namen war das Schiff für die National S. N. Co. Ld. of Greece in Piräus registriert. 1929 wurde es in Italien abgewrackt.

Foto: Sammlung Rothe

ARABIA Hapag, Hamburg
Bauwerft: Harland & Wolff, Belfast /
Baunummer: 307 / 5 465 BRT / 3 356 NRT /
7 080 tdw / 121,4 m Länge reg. / 14,9 m Breite /
1 IV-Exp. / 3 000 PS / 12 kn / 1 Schr. /
Passagiere: 20 I., 1 100 ZwD /
Besatzung: 47

Am 21. November 1896 lief die ARABIA in der Werft von Harland & Wolff in Belfast vom Stapel. Die Ablieferung des Schiffes erfolgte einige Monate später am 6. März 1897. Die Hamburg-Amerika Linie setzte die ARABIA nach Häfen der USA ein. Das Schiff verließ Hamburg zu seiner Jungfernreise am 17. März 1897 mit dem Ziel Baltimore. Im Oktober 1899 trennte sich die Hapag von diesem Dampfer; neuer Besitzer wurde am 4. Oktober 1899 die Hamburger Reederei Robert M. Sloman & Co. Das Schiff, 1899 umbenannt in BARCELONA, ging 1903 an die Hamburger Reederei »Union«. Diese Reederei wurde 1906 von der Hapag durch Kauf erworben. Im Juni 1914 machte die BARCELONA ihre erste Reise von New York zum Mittelmeer. Hier wurde sie im August 1914 als Hilfsschiff von der deutschen Mittelmeer-Division eingezogen und ab September 1914 in Syrakus auf Sizilien aufgelegt. Die Regierung Italiens beschlagnahmte das Schiff im November 1915 und gab ihr den Namen ANCONA. Als ROBINIA wurde der Dampfer 1924 in Savona abgewrackt.

Foto: Hapag-Lloyd AG

KAISER WILHELM DER GROSSE NDL, Bremen
Bauwerft: A. G. »Vulcan«, Stettin /
Baunummer: 234 / 14349 BRT / 5 521 NRT /
199,5 m Länge / 20,1 m Breite /
2 III-Exp. / 28000 PS / 22 kn / 2 Schr. /
Passagiere: 558 I., 338 II., 1074 III. /
Besatzung: 488

Am 4. Mai 1897 lief das erste Schiff der Welt mit 4 Schornsteinen vom Stapel. Unter dem Kommando von Kapitän Engelhart trat es am 19. September 1897 seine Jungfernreise von Bremerhaven nach New York an. Der »Große Kaiser«, wie das Schiff derzeit genannt wurde, dampfte am 30. März 1898, wiederum mit Ziel New York, aus dem Hafen von Southampton und erreichte mit einer Durchschnittsgeschwindigkeit von 22,29 Knoten den Leuchtturm Sandy Hook in nur 5 Tagen und 20 Stunden. Mit dieser Rekordzeit errang der Schnelldampfer KAISER WILHELM DER GROSSE als erstes deutsches Schiff das »Blaue Band«.

Nach Verlassen des Hafens Cherbourg kollidierte der Dampfer am 21. November 1906 mit dem einlaufenden Passagierdampfer ORINOCO der britischen Royal Mail Line. Auf beiden Schiffen waren Todesopfer zu beklagen, und es entstanden erhebliche Sachschäden. Ein Jahr später, am 25. Oktober 1907, verlor der »Große Kaiser« auf der Heimreise von New York nach Bremerhaven das Ruder.

Der Schnelldampfer wurde 1913 zum Auswandererschiff umgerüstet und hatte seit dieser Zeit außer der III. Klasse nur noch Plätze im Zwischendeck. Am 2. August 1914 übernahm die Kaiserliche Marine das Schiff und rüstete es zum Hilfskreuzer um. Am Abend des 4. August 1914 lief der Hilfskreuzer unter dem Kommando von Fregattenkapitän Reymann zum Handelskrieg in den Atlantik aus und versenkte 3 Schiffe mit zusammen 10 500 BRT. Am 26. August 1914 überraschte der britische Kreuzer HIGHFLYER den deutschen Hilfskreuzer bei der Kohleübernahme vor der Rio-de-Oro-Bucht und forderte ihn zur Übergabe auf. Nach Verweigerung der Übergabe kam es zwischen den beiden Schiffen zu einem Feuergefecht. Als die Munition des deutschen Schiffes verbraucht war, verließ die Besatzung ihr Schiff und versenkte es durch Sprengpatronen.

Foto: Sammlung Rothe

KAISER FRIEDRICH NDL, Bremen
Bauwerft: F. Schichau, Danzig /
Baunummer: 587 / 12 481 BRT / 5 147 NRT /
182,9 m Länge / 19,4 m Breite /
2 IV-Exp. / 25 000 PS / 19 kn / 2 Schr. /
Passagiere: 400 I., 250 II., 700 III., /
Besatzung: 420

Der Norddeutsche Lloyd wollte bei der KAISER FRIEDRICH kein Risiko eingehen und fixierte im Vertrag mit der Bauwerft, daß die Reederei das Schiff nicht übernehmen werde, sollte es nicht, wie gefordert, 22 Knoten erreichen. Am 5. Oktober 1897 in Danzig vom Stapel gelaufen, lief es, nach der Fertigstellung am 12. Mai 1898, zur Übergabefahrt von Danzig nach Bremerhaven aus. Auf dieser Fahrt erreichte das Schiff nur maximal 20 Knoten. Erst als die Bauwerft eine Veränderung und damit eine Erhöhung der Geschwindigkeit zusicherte, stellte der Lloyd die KAISER FRIEDRICH probeweise in Dienst. Am 7. Juni 1898 erfolgte die Jungfernreise von Bremerhaven nach New York, auf der die KAISER FRIEDRICH jedoch die von der Reederei geforderte Geschwindigkeit nicht erreichte. Das Schiff wurde deshalb nach der Rückkehr an die Bauwerft zurückgegeben. Da es den Schiffbauern der Schichau-Werft nach wiederholten Versuchen – auch nach Verlängerung der drei Schornsteine um 4,5 Meter – nicht gelang, das Schiff auf die geforderte Geschwindigkeit zu bringen, wurde es vom Norddeutschen Lloyd im Juni 1899 endgültig an die Bauwerft zurückgegeben. Probeweise von der Hamburg-Amerika Linie gechartert, kam die KAISER FRIEDRICH seit dem 1. Oktober 1899 wieder zwischen Hamburg und New York in Fahrt. Nach 10 Rundreisen im Nordatlantik–Dienst gab jedoch auch die Hapag das Schiff an die Werft zurück. Daraufhin wurde es im Oktober 1900 in Hamburg aufgelegt. Erst nach 12 Jahren fand sich ein Abnehmer: Die Werft F. Schichau verkaufte das Schiff am 1. Mai 1912 an die Cie. Sudatlantique, Bordeaux. Nach einem Umbau bei Blohm & Voss und inzwischen in BURDIGALA umbenannt, fand im Oktober 1912 die erste Reise von Bordeaux nach Südamerika statt. Von November 1913 bis Februar 1915 lag die BURDIGALA aufgelegt in Bordeaux. Im März 1915 stellte die französische Marine das Schiff als Transporter in ihren Dienst. Eine Mine in der Ägäis brachte das Schiff am 14. November 1916 zum Sinken.

Foto: Sammlung Rothe

PRETORIA Hapag, Hamburg
Bauwerft: Blohm & Voss, Hamburg /
Baunummer: 123 / 12 800 BRT / 8 139 NRT /
14 500 tdw / 178,6 m Länge / 18,9 m Breite /
2 IV-Exp. / 5 360 PS / 13 kn / 2 Schr. /
Passagiere: 162 I., 197 II., 2 380 ZwD /
Besatzung: 249

Der Stapellauf des zur P-Klasse gehörenden Schiffes war am 9. Oktober 1897. Die PRETORIA lief 6 Tage nach ihrer Fertigstellung, am 15. Februar 1898, zu ihrer Jungfernreise von Hamburg nach New York aus. Die Hamburg-Amerika Linie setzte die PRETORIA auch weiterhin im Nordatlantik–Dienst ein, überwiegend ab Hamburg, seit 1905 aber auch vom italienischen Hafen Genua aus. Bei schlechter Sicht kollidierte die PRETORIA am 9. Oktober 1908 in der Nähe der Insel Texel mit dem Dampfer NIPPONIA der Reederei W. Kunstmann, Stettin, der mit der gesamten Besatzung sank.

Die PRETORIA verkehrte seit 1910 auf der Linie Hamburg–Philadelphia. Vom 1. August 1914 bis zu ihrem Einsatz im September 1917 als Truppentransporter beim Landungsunternehmen auf der Insel Ösel (Saaremaa) und in den baltischen Staaten war das Schiff in Hamburg aufgelegt. Im März 1919 mußte die PRETORIA an die USA abgeliefert werden. Für die US Army als Truppentransporter auf dem Nordatlantik in Dienst gestellt, gab man das Schiff bereits am 10. September 1920 an die britische Regierung ab. Für den Shipping Controller wurde es von der Ellerman & Bucknall, Steamship Co. Ltd., London, bereedert und im November 1921 zum Abbruch verkauft.

Foto: Hapag-Lloyd AG

BRASILIA Hapag, Hamburg
Bauwerft: Harland & Wolff, Belfast /
Baunummer: 318 / 10 336 BRT / 6 544 NRT /
13 000 tdw / 157,1 m Länge / 18,9 m Breite /
2 IV-Exp. / 3 800 PS / 12 kn / 2 Schr. /
Passagiere: 300 I., 2 400 ZwD /
Besatzung: 150

Am 27. November 1897 war in Belfast der Stapellauf des ersten Schiffes der sogenannten B-Klasse der Hamburg-Amerika Linie. Im März 1898 wurde das Schiff fertiggestellt und am 21. März 1898, dem Tag der Ablieferung an die Hamburg-Amerika Linie, verließ die BRASILIA den Hafen von Belfast zu ihrer Jungfernreise nach New York. Im Mai 1898 setzte die Hapag das Schiff auch von Hamburg nach Baltimore ein.

Im Februar 1899 verkaufte die Hapag die BRASILIA an die Bauwerft zurück. Harland & Wolff fand 1900 in der britischen Dominion Line einen Käufer, und Liverpool wurde nun zum neuen Heimathafen des Schiffes. In NORSEMAN umbenannt brachte die Reederei ihr neues Schiff als Frachter im Nordatlantik zum Einsatz. Neben Fracht war die NORSEMAN aber auch weiterhin in der Lage, Passagiere im Zwischendeck aufzunehmen. Neben dem Einsatz auf der Nordatlantik-Route machte das Schiff auch in Australien fest. Wie viele andere Schiffe auch, wurde die ehemalige BRASILIA ein Opfer des ersten Weltkrieges. Das deutsche Unterseeboot U-39 torpedierte die NORSEMAN am 22. Januar 1916 vor der nordgriechischen Küste. Der Besatzung gelang es zwar noch, die NORSEMAN auf Strand zu setzen, nicht aber, sie wieder in Fahrt zu bekommen. An eine italienische Abwrackwerft verkauft, wurde das Schiff 1920 verschrottet.

Foto: Sammlung Fuchs

BULGARIA Hapag, Hamburg
Bauwerft: Blohm & Voss, Hamburg /
Baunummer: 125 / 10 237 BRT / 6 550 NRT /
13 000 tdw / 157,4 m Länge / 18,9 m Breite /
2 IV-Exp. / 3 800 PS / 12 kn / 2 Schr. /
Passagiere: 300 I., 2 400 ZwD /
Besatzung: 150

Die BULGARIA lief am 5. Februar 1898 in Hamburg vom Stapel und konnte am 4. April an die Hamburg-Amerika Linie abgeliefert werden. Dieses Kombischiff der B-Klasse begann am 10. April 1898 seine Jungfernreise von Hamburg nach New York. Mit 28 Passagieren im Zwischendeck, 109 Pferden, 15 300 Tonnen Getreide und 10 200 Tonnen Schwergut verließ die BULGARIA am 28. Januar 1899 New York zu ihrer Heimreise, auf der sie am 1. Februar in einen Orkan geriet, der das Rudergeschirr zerstörte. Mit starken Wassereinbrüchen trieb sie hilflos im Atlantik. Da der Versuch, das Schiff mit den beiden Schrauben zu steuern wegen des hohen Seegangs und der Schlagseite nicht möglich war, wurden durch Notraketen in der Nähe befindliche Schiffe zu Hilfe gerufen. Am 3. Februar gelang es 3 britischen Schiffen, an die BULGARIA heranzukommen und unter großen Schwierigkeiten die Passagiere zu übernehmen. Am Morgen des 4. Februar galt die BULGARIA als verschollen. In Wirklichkeit trieb sie jedoch manövrierunfähig bis zum 21. Februar im Atlantik und legte dabei insgesamt 720 Seemeilen zurück. Mit Hilfe eines Notruders gelangte das Schiff am 24. Februar 1899 nach Ponto Delgada (Azoren).

Die BULGARIA wurde 1906 bei Blohm & Voss umgebaut und im April 1913 wegen eines Ratenkampfes mit der Canadian Pacific Railway Co. an die Union Austriaca di Navigazione nach Triest scheinverkauft und als CANADA in Dienst gestellt. Noch im gleichen Jahr kam das Schiff nach Hamburg zurück. Die Hamburg-Amerika Linie setzte es zwischen Hamburg und New York ein. Nach der Internierung in Baltimore vom August 1914 bis April 1917 wurde die BULGARIA am 6. April 1917 von den USA beschlagnahmt und als Transporter HERCULES für die US Army in Dienst gestellt. In PHILIPPINES 1919 umbenannt, danach von 1920 bis 1924 in Boston aufgelegt, verschrottete man das Schiff 1924 in New York.

Foto: Sammlung A. Duncan

ASSYRIA Hapag, Hamburg
Bauwerft: Joh. C. Tecklenborg, Geestemünde / Baunummer: 155 / 6 581 BRT / 8 199 tdw / 128,3 m Länge reg. / 16,5 m Breite / 1 IV-Exp. / 3 000 PS / 12 kn / 1 Schr. / Passagiere: 50 I., 1 130 ZwD / Besatzung: 61

Die ASSYRIA war mit ihren 6581 BRT unter den Dampfern der A-Klasse der Hamburg-Amerika Linie das größte Schiff. Alle übrigen Dampfer dieser Serie lagen unter 6000 BRT. Am 6. April 1898 lief das Schiff in der Werft von Joh. C. Tecklenborg in Geestemünde vom Stapel. Am 23. August des gleichen Jahres war die ASSYRIA fertiggestellt. Zur Jungfernreise von Hamburg nach Baltimore lief sie am 3. September 1898 aus. Bereits im März 1905 entließ die Hamburg-Amerika Linie den Dampfer aus ihrer Flotte. Umbenannt in SVEABORG übernahm die Russische Freiwilligen-Flotte das Schiff, 1906 dann die Marine Rußlands, die es als EKATERINOSLAV in Dienst stellte. 1918 vom Shipping Controller übernommen und von der Royal Mail Lines, Ltd., London, bereedert, legte man das Schiff im September 1921 in Milford Haven (Großbritannien) auf. Die Russische Freiwilligen-Flotte erhielt die ehemalige ASSYRIA Anfang 1923 von Großbritannien zurück. Von 1925 bis 1928 lag sie in Kiel, wo sie im gleichen Jahr abgewrackt wurde.

Foto: Hapag-Lloyd AG

GRAF WALDERSEE Hapag, Hamburg
Bauwerft: Blohm & Voss, Hamburg /
Baunummer: 131 / 12830 BRT / 8157 NRT /
14500 tdw / 178,6 m Länge / 18,9 m Breite /
2 IV-Exp. / 5400 PS / 13 kn / 2 Schr. /
Passagiere: 162 I., 184 II., 2200 ZwD /
Besatzung: 250

Obwohl ursprünglich für das Schiff der sogenannten P-Klasse der Name PAVIA vorgesehen war, lief der Dampfer am 10. Dezember 1898 als GRAF WALDERSEE vom Stapel. Am 18. März 1899 an die Hamburg-Amerika Linie übergeben, verließ die GRAF WALDERSEE am 2. April ihren Heimathafen zur Jungfernreise nach New York. Vom August 1914 bis März 1919 lag sie aufgelegt in Hamburg. Nach Beendigung des Krieges wurde die GRAF WALDERSEE mittschiffs an der Bordwand mit der Aufschrift *Armistice* und darüber in etwas kleinerer Schrift mit *Waffenstillstand* versehen. Im März 1919 an die USA abgeliefert, kam der Dampfer als Transporter für die US Navy in Dienst. Doch bereits 1920 wurde er an Großbritannien übergeben und von der P & O-Line, London, für den Shipping Controller bereedert. Das Schiff wurde 1922 in der Köhlbrandwerft Hamburg verschrottet.

Foto: Sammlung Rothe

Kaiser Friedrich

Grosser Kurfürst

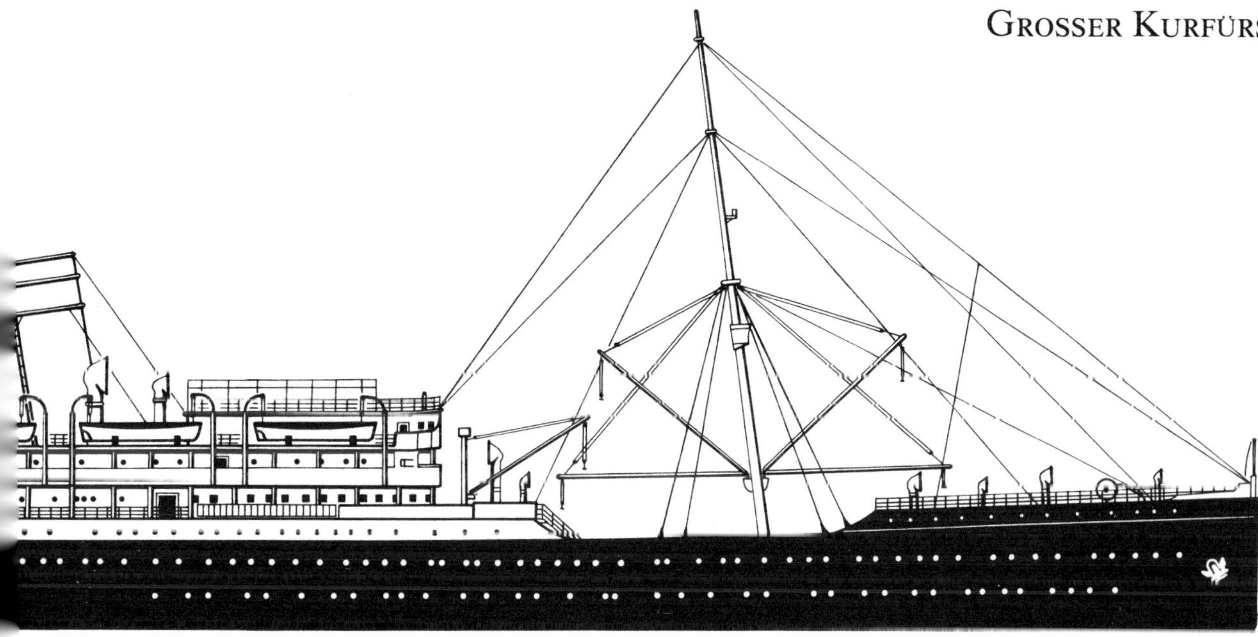

PATRICIA Hapag, Hamburg
Bauwerft: A. G. »Vulcan«, Stettin /
Baunummer: 241 / 13023 BRT / 8250 NRT /
14500 tdw / 178,3 m Länge / 18,9 m Breite /
2 IV-Exp. / 5460 PS / 13 kn / 2 Schr. /
Passagiere: 162 I., 184 II., 2143 ZwD /
Besatzung: 249

Die PATRICIA, ein Schiff der P-Klasse, wurde nach ihrem Stapellauf, der am 20. Februar 1899 stattfand, am 30. Mai des gleichen Jahres an die Hamburg-Amerika Linie übergeben. Ihre Jungfernreise von Hamburg nach New York begann am 7. Juni 1899. Vor allem für Reisen im Nordatlantik bestimmt, kam sie auch zum Transport von Truppen nach China zum Einsatz. Sie war aufgrund der hohen Kapazität in ihrem Zwischendeck für diesen Einsatz besonders gut geeignet. Im Nebel kollidierte die PATRICIA am 2. Januar 1910 mit dem Feuerschiff ELBE V. Die Besatzung des Feuerschiffes konnte gerettet werden, doch die ELBE V sank.

Der erste Weltkrieg verhinderte den weiteren Einsatz der PATRICIA. Im August 1914 wurde sie in Hamburg aufgelegt. Nach der Ablieferung an die USA im März 1919 setzte sie die US Navy als Transporter ein. 1920 wurde sie an den britischen Shipping Controller übergeben; danach bereederte die Ellerman Lines, Liverpool, die ehemalige PATRICIA. Der letzte Hafen, den sie anlief, war der englische Hafen Blyth. Hier wurde sie in den letzten Wochen des Jahres 1921 verschrottet.

Foto: Hapag-Lloyd AG

BATAVIA Hapag, Hamburg
Bauwerft: Blohm & Voss, Hamburg /
Baunummer: 132 / 10178 BRT / 6510 NRT /
13000 tdw / 157,4 m Länge / 18,9 m Breite /
2 IV-Exp. / 3800 PS / 12 kn / 2 Schr. /
Passagiere: 300 I., 2400 ZwD /
Besatzung: 150

Die BATAVIA, die zur Gruppe der B-Schiffe gehörte, lief am 11. März 1899 in Hamburg vom Stapel. Am 30. Mai 1899, 5 Tage nach Ablieferung, begann ihre Jungfernreise von Hamburg nach New York. Wie auch die anderen Schiffe ihrer Klasse, brachte die BATAVIA, vor allem durch die vielen Passagierplätze im Zwischendeck, großen Gewinn für die Reederei. Am 11. Juni 1909 übernahm die BATAVIA 300 Passagiere des englischen Schiffes SLAVONIA der Cunard Line, das am 10. Juni vor den Azoren gestrandet war.

Wie das Hapag-Schiff BULGARIA wurde auch die BATAVIA 1913 ohne Zahlung an die Union Austriaca di Navigazione, Triest, scheinverkauft. Grund dieser Aktion war ein Ratenkampf mit der Canadian Pacific Railway Co., Montreal. Nur kurze Zeit als POLONIA im Einsatz, kam das Schiff noch im gleichen Jahr wieder unter seinem alten Namen an die Hamburg-Amerika Linie zurück.

Im ersten Weltkrieg wurde die BATAVIA von September bis November 1917 von der Kaiserlichen Marine als Transporter Nr. 7 beim Ösel-Unternehmen eingesetzt. Von November 1918 bis zum 21. Januar 1919 diente der Dampfer im Auftrag der deutschen Regierung als Gefangenentransporter. Anfang Februar 1919 wurde er an Frankreich abgeliefert und 1924 abgebrochen.

Foto: Hapag-Lloyd AG

BELGRAVIA Hapag, Hamburg
Bauwerft: Blohm & Voss, Hamburg /
Baunummer: 133 / 10155 BRT / 6492 NRT /
13000 tdw / 157,3 m Länge / 18,9 m Breite /
2 IV-Exp. / 3800 PS / 12 kn / 2 Schr. /
Passagiere: 300 I., 2400 ZwD /
Besatzung: 150

Die Anwesenden beim Stapellauf der BELGRAVIA am 11. Mai 1899 hatten sicher nicht vermutet, daß dieses Schiff einmal 40 Jahre lang das größte Handelsschiff unter russischer und sowjetischer Flagge werden sollte. Am 25. Juli 1899 abgeliefert, begann für die BELGRAVIA am 16. August des gleichen Jahres die Jungfernreise von Hamburg mit Ziel Baltimore. Sie blieb vorerst im Dienst auf dem Nordatlantik, bis sie am 31. Mai 1905 von der russischen Marine unter dem Namen RIGA in Dienst gestellt wurde. Der neue Eigner der RIGA war 1906 die Black & Asow Sea S. S. Co., Odessa. Nach der Oktoberrevolution gehörte der Dampfer zum Bestand der staatlichen Reederei Sovtorgflot. Als größtes sowjetisches Handelsschiff erhielt das Schiff den Namen TRANSBALT. Von 1920 bis 1923 war die TRANSBALT als Lazarettschiff im Einsatz. Für ein feindliches Schiff gehalten, wurde sie am 13. Juni 1945 in der La-Pérouse-Straße zwischen Sachalin und Hokkaido durch Torpedos vom amerikanischen U-Boot SPADEFISH versenkt.

Foto: Hapag-Lloyd AG

ATHESIA Hapag, Hamburg
Bauwerft: Reiherstiegwerft, Hamburg /
Baunummer: 403 / 5751 BRT / 3654 NRT /
8026 tdw / 131,4 m Länge reg. / 16,5 m Breite /
1 IV-Exp. / 3000 PS / 12kn / 1 Schr. /
Passagiere: 20 I., 1100 ZwD /
Besatzung: 50

Am 4. Juni 1899 wurde die ATHESIA in Hamburg vom Stapel gelassen. Bis zum 12. August des gleichen Jahres konnte das Schiff fertiggestellt und an die Hamburg-Amerika Linie abgeliefert werden. Ihre Jungfernreise von Hamburg nach Philadelphia begann am 21. August 1899. Bis 1902 befand sich die ATHESIA im Dienst auf dem Nordatlantik. Ende 1902 verkaufte die Hapag das Schiff an die Deutsche Dampfschiffahrts-Gesellschaft »Kosmos«, Hamburg, die den Dampfer in UARDA umbenannte. Während des ersten Weltkrieges befand sich die UARDA im peruanischen Hafen Mollendo. Hier wurde das Schiff im Oktober 1917 von der peruanischen Regierung beschlagnahmt. Bis zum Verkauf an Frankreich im Jahre 1921 lief es unter dem Namen SALAVERRY. Frankreich verkaufte es 1922 nach Antwerpen. Ab 1924 war das Schiff als CHLOE in Griechenland registriert. Unter diesem Namen sank es am 13. September 1932 auf einer Reise von Großbritannien nach Italien bei Ouessant vor der französischen Küste.

Foto: Sammlung Fuchs

KÖNIG ALBERT NDL, Bremen
Bauwerft: A. G. »Vulcan«, Stettin /
Baunummer: 242 / 10643 BRT / 6590 NRT /
9700 tdw / 158,6 m Länge / 18,3 m Breite /
2 IV-Exp. / 8000 PS / 15,3 kn / 2 Schr. /
Passagiere: 257 I., 119 II., 1800 ZwD /
Besatzung: 230

Die KÖNIG ALBERT, am 24. Juni 1899 vom Stapel gelaufen, eröffnete die zweite Bauserie der Barbarossa-Klasse. Am 27. September wurde der Bau beendet, und am 4. Oktober 1899 verließ die KÖNIG ALBERT Bremerhaven zu ihrer Jungfernreise nach Japan mit Yokohama als Reiseziel. Mit ihren 10643 BRT war die KÖNIG ALBERT zur damaligen Zeit das größte Schiff im Dienst nach Ostasien. In der Zeit von 1903 bis zum ersten Weltkrieg lief der Dampfer im Nordatlantik–Dienst ab Bremen und ab Genua nach New York. Im August 1914 wurde das Schiff in Genua interniert und am 25. Mai 1915 von Italien beschlagnahmt. Italien setzte die KÖNIG ALBERT nach der Umbenennung in FERDINANDO PALASCIANO als Lazarettschiff ein. Nach dem Kauf des Schiffes durch die Navigazione Generale Italiana Genua im Jahre 1920 und einem notwendig gewordenen Umbau verkehrte das Schiff wieder zwischen Genua und New York. Als ITALIA seit 1923 im Dienst der italienischen Marine stehend, wurde das Schiff ab 1925 aufgelegt und ein Jahr später in Italien abgewrackt.

Foto: Sammlung A. Duncan

RHEIN NDL, Bremen
Bauwerft: Blohm & Voss, Hamburg / Baunummer: 137 / 10058 BRT / 6396 NRT / 11700 tdw / 158,5 m Länge / 17,7 m Breite / 2 IV-Exp. / 5000 PS / 14 kn / 2 Schr. / Passagiere: 369 II., 217 III., 2865 ZwD / Besatzung: 174

Die RHEIN lief am 20. September 1899 in Hamburg vom Stapel. Am 4. Dezember konnte die Werft das Schiff übergeben, und noch vor der Jahrhundertwende, am 9. Dezember 1899, verließ sie Bremerhaven zu ihrer Jungfernreise mit dem Ziel New York. Mit einer großen Zahl von Auswanderern an Bord lief die RHEIN neben New York auch Baltimore und Häfen in Australien an. Das Schiff wurde nach Kriegsausbruch im August 1914 bis zum April 1917 in Baltimore interniert. Die Regierung der USA beschlagnahmte die RHEIN am 6. April 1917 und brachte sie als Truppentransporter für die US Navy unter dem neuen Namen SUSQUEHANNA wieder in Fahrt. Nach Beendigung des ersten Weltkrieges gab die US Navy den Transporter an den U. S. Shipping Board zurück. Das Schiff wurde danach in Boston aufgelegt. In Charter der US Mail Lines kam es am 4. August 1920 wieder ab New York auf der Route Bremen–Danzig zum Einsatz. Im August 1921 wurde es von United States Lines gechartert und machte bis 1922 nochmals einige Reisen zwischen New York und Bremen. Unter Charter der United Staates Lines lief das Schiff den Hafen Danzig nicht mehr an. Ende 1922 wurde es aufgelegt und im November 1928 zum Verschrotten an japanische Abwracker verkauft.

Foto: Hapag-Lloyd AG

BELGIA Hapag, Hamburg
Bauwerft: Harland & Wolff, Belfast /
Baunummer: 327 / 11585 BRT / 6118 NRT /
13000 tdw / 157,1 m Länge / 18,9 m Breite /
2 IV-Exp. / 3800 PS / 12 kn / 2 Schr. /
Passagiere: 300 I., 2400 ZwD /
Besatzung: 150

Für den Dienst im Nordatlantik vorgesehen, lief die BELGIA am 5. Oktober 1899 in Belfast als das fünfte der großen B-Schiffe vom Stapel. Noch vor der Fertigstellung verkaufte die Hamburg-Amerika Linie die BELGIA an die Atlantic Transport Line, London. Der neue Eigner ließ das Schiff zum Frachtschiff umbauen. Für den Transport von Passagieren war nur das Zwischendeck vorgesehen. Im Dezember 1899 konnte das Schiff, das zuvor in MICHIGAN umbenannt wurde, an den neuen Eigner abgeliefert werden. Doch bereits 1900 kaufte die Dominon Line, Liverpool, den Dampfer und brachte ihn unter dem Namen IRISHMAN in Fahrt. Vor der Verschrottung des Schiffes in den Niederlanden im Jahre 1925 fand 1921 ein nochmaliger Besitzerwechsel statt.

Foto: Hapag-Lloyd AG

HAMBURG Hapag, Hamburg
Bauwerft: A. G. »Vulcan«, Stettin /
Baunummer: 243 / 10532 BRT / 6598 NRT /
10000 tdw / 158,5 m Länge / 18,3 m Breite /
2 IV-Exp. / 8000 PS / 15,3 kn / 2 Schr. /
Passagiere: 290 I., 100 II., 80 III., 1700 ZwD /
Besatzung: 225

Die HAMBURG lief am 25. November 1899 vom Stapel. Der Tag der Fertigstellung war der 12. März 1900. Im Monat der Fertigstellung trat die HAMBURG ihre Jungfernreise von Hamburg nach Ostasien an. Jedoch erst im Juni 1904 fand ihre erste Reise von Hamburg nach New York statt. Für mehrere Sonderfahrten mit Kaiser Wilhelm II. an Bord versah man die HAMBURG mit einem weißen Anstrich. Nach einem Umbau für den Einsatz im Nordatlantik Dienst im Winter 1904/05 in der Reiherstiegwerft kam die HAMBURG auf der Route Hamburg–Genua–New York zum Einsatz.

Vom August 1914 bis zu ihrer Vercharterung als RED CROSS an das Rote Kreuz der USA im Jahre 1916, lag die HAMBURG in New York interniert. Im April 1917 beschlagnahmte die USA das Schiff. Als POWHATAN blieb es bis 1919 als Lazarettschiff im Dienst für die US Navy. Danach wurde es vom U. S. Shipping Board aufgelegt. Nach erneuter Umbenennung, dieses Mal in NEW ROCHELLE, kam der Dampfer erst am 30. Juli 1920 in Charter der Baltic S. S. Corp. of Amerika wieder in Fahrt. In Charter der US Mail S. S. Co. lief es im Februar 1921 von New York nach Danzig. Im Mai des gleichen Jahres in HUDSON umbenannt, wurde die ehemalige HAMBURG ab August 1921 in Charter der United States Lines im New-York–Bremen–Dienst eingesetzt. Bereits 1922 erfolgte eine erneute Umbenennung, und zwar in PRESIDENT FILLMORE. 1924 wechselte das Schiff wieder seinen Besitzer, bevor es in den USA 1932 abgewrackt wurde. Neuer Eigner war die Dollar S. S. Co. in San Francisco.

Foto: Sammlung Rothe

GROSSER KURFÜRST NDL, Bremen
Bauwerft: F. Schichau, Danzig /
Baunummer: 643 / 13182 BRT / 8226 NRT /
12400 tdw / 177,1 m Länge / 19,0 m Breite /
2 III-Exp. / 8250 PS / 15 kn / 2 Schr. /
Passagiere: 299 I., 317 II., 172 III., 2200 ZwD /
Besatzung: 275

Das größte Schiff der Barbarossa-Klasse lief am 2. Dezember 1899 in Danzig vom Stapel und wurde am 26. April 1900 fertiggestellt. Die Jungfernreise des Schiffes von Bremerhaven nach New York begann am 5. Mai 1900. Ab November 1900 setzte der Lloyd dieses Schiff auch im Australien–Dienst ein. Am 9. Oktober 1913 beteiligte sich der Dampfer, zusammen mit verschiedenen anderen Schiffen, an der Rettung der Passagiere des im Nordatlantik mit 600 Auswanderern an Bord brennend treibenden britischen Dampfers VOLTURNO.

Im August 1914 wurde das Schiff in New York interniert und am 6. April 1917 von den USA beschlagnahmt. In AEOLUS umbenannt blieb es bis September 1919 als Transporter im Dienst der US Navy. Später übernahm das U. S. Shipping Board den Dampfer. Die AEOLUS, 1919 in Baltimore überholt, wurde im Februar 1920 an die Munson Steamship Line, New York, verchartert. Im gleichen Jahr erfolgte die Umstellung auf Ölfeuerung sowie der Umbau der Passagiereinrichtungen. Im Dezember 1920 konnten die Umbauarbeiten abgeschlossen werden. Die AEOLUS lief zu diesem Zeitpunkt zu ihrer ersten Reise von New York zu den Häfen am La Plata aus. Am 11. September 1922, umbenannt in CITY OF LOS ANGELES, kam das Schiff in Charter für die Los Angeles S. S. Co. erstmals in Fahrt von Los Angeles nach Honolulu. Die gleiche Reederei kaufte 1923 das Schiff vom U. S. Shipping Board und ließ es mit veränderten Passagiereinrichtungen und neuen Turbinen

Foto: Sammlung Rothe

zum Luxusschiff umbauen. Danach wurde es wieder in Dienst nach Hawaii gestellt. Die Matson Nav. Co., San Francisco, übernahm 1933 durch Kauf die Los Angeles S. S. Co. und damit auch die CITY OF LOS ANGELES. Nachdem das Schiff längere Zeit aufgelegt war, fuhr die CITY OF LOS ANGELES 1937 nach Japan und wurde dort abgewrackt.

Foto: Sammlung Lehmann

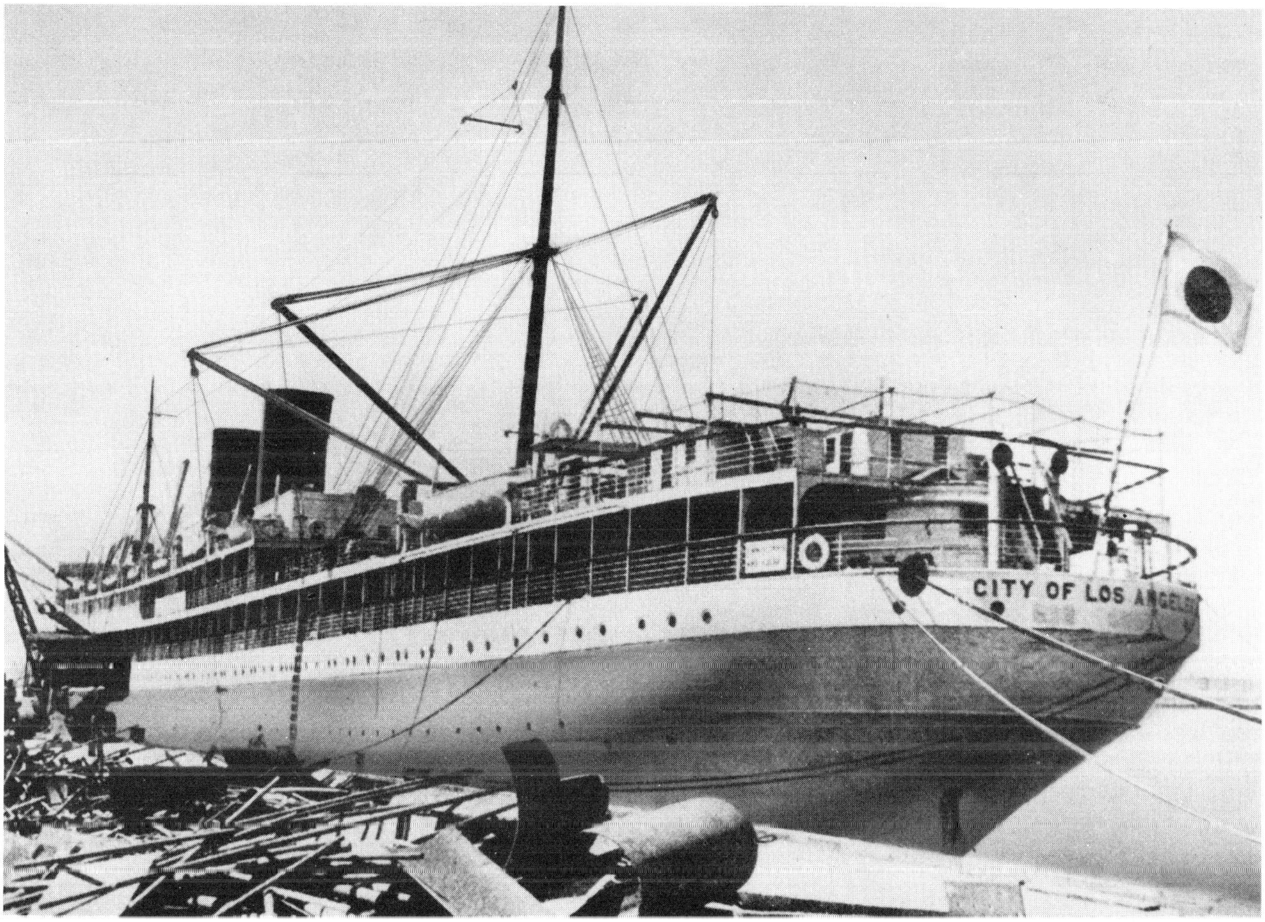

DEUTSCHLAND Hapag, Hamburg
Bauwerft: A. G. »Vulcan«, Stettin /
Baunummer: 244 / 16502 BRT / 5196 NRT /
208,5 m Länge / 20,4 m Breite /
2 IV-Exp. / 34000 PS / 22,5 kn / 2 Schr. /
Passagiere: 450 I., 300 II., 1000 ZwD /
Besatzung: 536

Am 10. Januar 1900 lief die DEUTSCHLAND vom Stapel. Bis zum 25. Juni 1900 konnte der Schnelldampfer fertiggestellt werden. Die Erwartungen der Hapag erfüllten sich bereits bei der Jungfernreise des Schiffes von Hamburg nach New York im Juli 1900. In nur 5 Tagen, 15 Stunden und 46 Minuten überquerte die DEUTSCHLAND den Nordatlantik und errang mit dieser Rekordzeit als einziges Schiff der Hamburg-Amerika Linie das »Blaue Band«. Der enorme Kohlenverbrauch und die bei hoher Geschwindigkeit auftretenden Vibrationen waren jedoch nicht im Interesse der Reederei. Auf der Heimreise von New York verlor die DEUTSCHLAND am 22. April 1902 den Hintersteven und das Ruder. Mit beiden Schrauben das Schiff steuernd, gelang es Kapitän Albers, die DEUTSCHLAND mit herabgesetzter Fahrtgeschwindigkeit, aber ohne fremde Hilfe, nach Cuxhaven zu bringen. Im Oktober 1910 kam das Schiff in die Stettiner »Vulcan«-Werft, wo die Maschinenleistung auf 15000 PS gedrosselt (17,5 kn) und ein Umbau der Passagiereinrichtungen vorgenommen wurde.

Das in VICTORIA LUISE umbenannte Kreuzfahrtschiff lief am 23. September 1911 von Hamburg zur ersten Kreuzfahrt aus. Von 1912 bis 1914 machte die VICTORIA LUISE neben ihren Kreuzfahrten auch

Foto: World Ship Photo Library

einige Reisen nach New York. Am 3. August 1914 wurde das Schiff von der Kaiserlichen Marine übernommen und zum Hilfskreuzer ausgerüstet. Wegen der geringen Maschinenleistung kam das Schiff jedoch nicht als Hilfskreuzer zum Einsatz; es lag bis zum Ende des Krieges in Hamburg auf. Der schlechte Zustand des ehemaligen Kreuzfahrtschiffes rettete die VICTORIA LUISE 1919 vor der Ablieferung an die Alliierten. Nach einem Umbau in der Hamburger »Vulcan«-Werft, der in der Zeit von 1920 bis zum Oktober 1921 vorgenommen wurde, waren 2 Schornsteine entfernt und die Passagiereinrichtungen erneut verändert worden (36. I., 1350 III.). Das in HANSA umbenannte Schiff lief am 27. Oktober 1921 zur ersten Reise von Hamburg nach New York aus. Im Oktober 1924 wurde der Dampfer aufgelegt und 1925 in Hamburg abgewrackt.

Foto: Sammlung Rothe

MAIN NDL, Bremen
Bauwerft: Blohm & Voss, Hamburg /
Baunummer: 138 / 10067 BRT / 6382 NRT /
11700 tdw / 158,5 m Länge / 17,7 m Breite /
2 IV-Exp. / 5000 PS / 14 kn / 2 Schr. /
Passagiere: 369 II., 217 III., 2850 ZwD /
Besatzung: 174

Am 10. Februar 1900 war in der Werft von Blohm & Voss in Hamburg der Stapellauf des Lloydschiffes MAIN. Bis zum 22. April 1900 konnte das Schiff fertiggestellt werden und noch im gleichen Monat, nur 6 Tage später, verließ es seinen Heimathafen zur Jungfernreise mit dem Ziel New York. Die MAIN gehörte zur Rhein-Klasse, der außerdem die Lloydschiffe RHEIN und NECKAR angehörten, die besonders viele Zwischendecker aufnehmen konnten. Am 30. Juni 1900 brach in den Kaianlagen des Norddeutschen Lloyd in Hoboken (New York) ein Brand aus, der neben anderen Lloydschiffen auch auf die MAIN übergriff. Es gelang den Schlepperbesatzungen jedoch, das brennende Schiff aus der Gefahrenzone ins freie Wasser zu schleppen. Das mit großen Schäden auf Grund getriebene Schiff konnte im Juli des gleichen Jahres geborgen werden. Nach einer längeren Wiederherstellung der MAIN in Newport News wurde das Schiff Ende 1901 wieder in Dienst gestellt.

Den ersten Weltkrieg überstand die MAIN in Antwerpen, mußte aber 1919 an Großbritannien abgeliefert werden.

Unter britischer Flagge kam das Schiff wieder in Fahrt und wurde von Turner, Brightman & Co., für den Shipping Controller bereedert. Ein Jahr später übernahm die Reederei A. Holt aus Liverpool das Schiff, die es 1921 an die Regierung Frankreichs übergab. 25 Jahre nach der Indienststellung wurde das Schiff abgebrochen.

Foto: Sammlung Rothe

Cap Roca Hamburg-Süd, Hamburg
Bauwerft: Reiherstiegwerft, Hamburg /
Baunummer: 405 / 5786 BRT / 3690 NRT /
7062 tdw / 129,5 m Länge / 14,7 m Breite /
1 IV-Exp. / 2900 PS / 12 kn / 1 Schr. /
Passagiere: 80 I., 500 ZwD /
Besatzung: 84

Die Cap Roca war das zweite Schiff einer Serie von insgesamt 7 Cap-Schiffen der Reederei Hamburg-Süd. Die Cap Frio (5732 BRT) eröffnete mit ihrer Indienststellung im Januar 1900 diese Serie, und die Cap Arcona (9832 BRT) beendete diese erste Serie von Cap-Schiffen. Am 7. April 1900 lief die Cap Roca in Hamburg vom Stapel. Die Ablieferung fand am 15. Juni statt. Ihre Jungfernreise von Hamburg nach Buenos Aires begann am 26. Juni 1900. Nach dem Beginn des ersten Weltkrieges wurde das Schiff in Rio de Janeiro aufgelegt und am 1. Juni 1917 von der brasilianischen Regierung beschlagnahmt. Das Schiff blieb unter brasilianischer Flagge. 1918 erinnerte auch der Name nicht mehr daran, welcher Reederei das Schiff einst angehörte, denn es wurde in Itu umbenannt. Von 1918 bis 1926 zur Bereederung übergeben, kaufte 1926 der Lloyd Brasileiro die Itu und taufte das Schiff in Almirante Alexandrino um. Bis 1966 blieb die ehemalige Cap Roca in Fahrt; 1966 wurde das Schiff in Brasilien verschrottet. Das Bild zeigt die ehemalige Cap Roca als Almirante Alexandrino unter brasilianischer Flagge.

Foto: Sammlung Jansen

ABESSINIA Hapag, Hamburg
Bauwerft: Palmers S. B. & Iron Co., Jarrow /
Baunummer: 746 / 5753 BRT / 3691 NRT /
8775 tdw / 137,8 m Länge reg. / 15,8 m Breite /
1 III-Exp. / 3300 PS / 12 kn / 1 Schr. /
Passagiere: 10 I., 1100 ZwD /
Besatzung: 50

Die ABESSINIA gehörte 1900 zu jenen Schiffen, die zum Transport von Truppen und Kriegsmaterial zur Niederwerfung des Boxeraufstandes nach China im Einsatz waren. Am 16. August des gleichen Jahres wurde das Schiff an die Hamburg-Amerika Linie übergeben. Anfangs nach den USA im Einsatz, kam die ABESSINIA später in den Dienst nach Ostasien. Ende 1914 lief das Schiff, nach einem Einsatz als Kohlenversorger für den deutschen geschützten Kreuzer LEIPZIG, nach Pisagua aus. In diesem chilenischen Hafen wurde die ABESSINIA bis zur Internierung 1917 aufgelegt. Die Besatzung des Schiffes tat es verschiedenen Besatzungen anderer internierter deutscher Schiffe gleich und zerstörte die Schiffsmaschine. Aus diesem Grund mußte die ABESSINIA 1920 im Schlepp nach Deutschland gebracht werden, wo sie wieder einsatzklar gemacht wurde. Zur geplanten Ablieferung an Großbritannien ist es jedoch nicht gekommen, da die ABESSINIA nach dem Verlassen Hamburgs auf der Fahrt zur Übergabe an Großbritannien bei Longstone Lighthouse (Grafschaft Northumberland) am 3. September 1921 strandete.

Foto: Hapag-Lloyd AG

PRINZESS IRENE NDL, Bremen
Bauwerft: A. G. »Vulcan«, Stettin /
Baunummer: 245 / 10881 BRT / 6687 NRT /
10600 tdw / 164,6 m Länge / 18,3 m Breite /
2 IV-Exp. / 8000 PS / 15,2 kn / 2 Schr. /
Passagiere: 268 I., 132 II., 1954 ZwD /
Besatzung: 230

Die PRINZESS IRENE des Norddeutschen Lloyd lief am 19. Juni 1900 vom Stapel und konnte nach der Fertigstellung am 6. September an die Reederei übergeben werden. Die Jungfernreise von Bremerhaven nach Ostasien begann am 3. November 1900. Am 30. April 1903 lief das Schiff zur ersten Reise von Genua nach New York aus. Außer von Genua aus, fuhr die PRINZESS IRENE in diesem Dienst auch von anderen Mittelmeerhäfen nach New York. Die PRINZESS IRENE übernahm am 10. Juni 1909 104 Menschen vom Dampfer SLAVONIA der britischen Cunard Line, der vor den Azoren gestrandet war. Im August 1914 wurde das Schiff in New York interniert und am 6. April 1917 von den USA beschlagnahmt. Umbenannt in POCAHONTAS setzte die US Navy den ehemaligen Lloyd-Dampfer als Transporter bis 1919 ein. Danach legte das U.S. Shipping Board die POCAHONTAS auf. Nach kurzem Stillstand charterte die United States Mail S.S. Co., New York, das Schiff, und im Februar 1921 lief es von New York mit dem Ziel Italien wieder nach Europa aus. Im September 1922 konnte der Norddeutsche Lloyd sein ehemaliges Schiff zurückkaufen. Noch unter amerikanischer Flagge hatte das Schiff 1921 einen Maschinenschaden und lag in Gibraltar. Nachdem das neue Lloyd-Schiff nach Bremerhaven geschleppt und die nötigen Reparaturen sowie ein Umbau erfolgt waren, wurde es 1923 in BREMEN umbenannt und kam zwischen Bremerhaven und New York in Fahrt. Im Januar 1928 erhielt das Schiff den Namen KARLSRUHE. Die KARLSRUHE wurde 1932 in einer deutschen Werft abgebrochen.

Foto: Sammlung Rothe

KIAUTSCHOU Hapag, Hamburg
Bauwerft: A. G. »Vulcan«, Stettin /
Baunummer: 246 / 10911 BRT / 6721 NRT /
10000 tdw / 164,6 m Länge / 18,3 m Breite /
2 IV-Exp. / 8000 PS / 15,2 kn / 2 Schr. /
Passagiere: 327 I., 103 II., 80 III., 1700 ZwD /
Besatzung: 230

Von der Hamburg-Amerika Linie wurde das Schiff für den späteren Einsatz im Reichspostdampfer–Dienst nach Ostasien in Auftrag gegeben. Eigentlich als BAVARIA, später als TEUTONIA vorgesehen, lief das Schiff am 14. September 1900 als KIAUTSCHOU vom Stapel. Nach der Fertigstellung am 14. Dezember 1900 machte die KIAUTSCHOU im gleichen Monat ihre Jungfernreise nach Ostasien. In der Folgezeit wurde das Schiff im Ostasien–Dienst eingesetzt, was auch Albert Ballin nutzte, als er 1901 eine Weltreise an Bord der KIAUTSCHOU unternahm, um die Verhältnisse im ostasiatischen Einsatzgebiet kennenzulernen. Im Mai 1902 setzte die Reederei das Schiff auch für eine Fahrt von Hamburg nach New York ein. Im Februar 1904 wurde die KIAUTSCHOU an den Norddeutschen Lloyd verkauft und als PRINCESS ALICE im Bremen–Ostasien–Dienst in Fahrt gebracht. Im August des gleichen Jahres dampfte die PRINCESS ALICE von Manila nach Cebu, wo sie bis 1917 aufgelegt blieb. Die USA beschlagnahmten am 6. April 1917 das Schiff. Es erhielt den Namen PRINCESS MATOIKA. Danach wurde es Transporter der US Navy. Das Schiff erreichte, nachdem es 1919 aufgelegt wurde, erst wieder 1920 einen Hafen in Deutschland. Bei ihrer ersten Reise in Charter der US Mail S. S. Co. kam sie von New York nach Danzig. Im August 1921 wurde sie durch die United States Lines Co., New York, gechartert. 1922 erfolgte eine Namensänderung in PRESIDENT ARTHUR.

Von 1923 bis zum Verkauf an die American Palestine Line, New York, war das Schiff nochmals aufgelegt. In Fahrt kam das Schiff jedoch erst wieder nach dem Umbau als Luxus-Liner für den neuen Besitzer, die Los Angeles S. S. Co., im Juni 1927. Wie schon vorher der Dampfer FRIEDRICH DER GROSSE, wurde auch dieses Schiff in CITY OF HONOLULU umbenannt und zwischen Los Angeles und Hawaii in Dienst gestellt. Am 25. Mai 1930 brannte das Schiff in Honolulu aus. 1933 wurde es nach Osaka zum Abbruch verkauft.

Foto: Hapag-Lloyd AG

ACILIA Hapag, Hamburg
Bauwerft: Palmers S. B. & Iron Co., Jarrow /
Baunummer: 747 / 5693 BRT / 3646 NRT /
8677 tdw / 137,3 m Länge reg. / 15,8 m Breite /
1 III-Exp. / 3300 PS / 12,5 kn / 1 Schr. /
Passagiere: 10 I., 1100 ZwD /
Besatzung: 50

Als die ACILIA am 24. September 1900 vom Stapel gelassen wurde, konnte keiner der Anwesenden wissen, daß sie 13 Jahre später aus dem Bestand der Hamburg-Amerika Linie gestrichen werden mußte. Am 10. November abgeliefert, lief die ACILIA bereits 2 Tage später zu ihrer Jungfernreise von Hamburg nach Baltimore aus. Bis 1907 blieb das Schiff im Dienst zwischen Hamburg und der Ostküste Nordamerikas. Die ACILIA rettete am 23. November 1902 die Besatzung des vor Kap Lizard einige Tage vorher leckgeschlagenen britischen Schiffes BLENHEIM. Ab 1907 änderte sich das Einsatzgebiet des Hamburger Schiffes. Die Reisen wurden länger, und die Ziele waren an der amerikanischen Westküste oder an der Ostküste Südamerikas zu finden.

Im Nebel vor Feuerland ereignete sich das Unglück, das zum Verlust der ACILIA führte. Im schwierigen Fahrwasser und bedingt durch den Nebel lief die ACILIA im November 1913 auf felsigen Untergrund. Die Besatzung konnte nicht gerettet werden.

Foto: Sammlung Fuchs

ALEXANDRIA Hapag Hamburg
Bauwerft: Palmers S. B. & Iron Co., Jarrow /
Baunummer: 748 / 5692 BRT / 3647 NRT /
8875 tdw / 137,5 m Länge reg. / 15,8 m Breite /
1 III-Exp. / 3700 PS / 12,5 kn / 1 Schr. /
Passagiere: 10 I., 1100 ZwD /
Besatzung: 50

Die ALEXANDRIA lief am 22. November 1900 vom Stapel. Noch im gleichen Jahr, am 29. Dezember, konnte sie an die Reederei abgeliefert werden. Am 10. Januar 1901 lief sie von Hamburg zu ihrer Jungfernreise nach Baltimore aus. Während ihres Einsatzes auf der Nordatlantikroute beförderte sie viele Auswanderer nach Nordamerika und brachte auf der Heimreise überwiegend Fracht mit nach Hamburg. Die Hamburg-Amerika Linie setzte die ALEXANDRIA ab 1907 für Fahrten zur amerikanischen Westküste ein, u. a. nach San Francisco und Valparaiso.

Die ALEXANDRIA war an Kriegshandlungen zu Anfang des ersten Weltkrieges beteiligt. So lief sie u. a. mit Versorgungsgütern für das im südlichen Atlantik befindliche Kreuzergeschwader des Grafen von Spee aus. Von November 1914 bis zum Ende des ersten Weltkrieges war das Schiff in Valparaiso aufgelegt. 1918 an eine Londoner Reederei verkauft und in BAYRAMENTO umbenannt, erhielt 1921 Frankreich das Schiff. Unter französischer Flagge lief es als PYTHEAS bzw. KOUANG-SI.

Letzter Hafen der ehemaligen ALEXANDRIA war 1936 Glasgow. Hier wurde es abgewrackt.

Foto: Hapag-Lloyd AG

NECKAR NDL, Bremen
Bauwerft: J. C. Tecklenborg, Geestemünde / Baunummer: 172 / 9835 BRT / 6200 NRT / 11300 tdw / 157,88 m Länge / 17,69 m Breite / 2 IV-Exp. / 5500 PS / 15 kn / 2 Schr. / Passagiere: 369 I., 217 III., 2865 ZwD / Besatzung: 177

Zur Rhein-Klasse zählte die am 8. Dezember 1900 vom Stapel gelassene NECKAR. Neben der Beförderung besonders vieler Zwischendeckpassagiere sollte dieser Schiffstyp des Norddeutschen Lloyd vor allem Frachten transportieren. Dafür war er besonders geeignet und auch rentabel.

Die Reederei setzte die NECKAR vor allem für die Beförderung von Auswanderern nach den USA und Australien ein. Das Schiff kam jedoch auch auf anderen Linien zum Einsatz.

Im August 1914 befand sich die NECKAR in Havanna, wo sie von der Etappe Westindien erfaßt und zum Versorgungsschiff ausgerüstet wurde. In dieser Eigenschaft lief sie als Versorger für im Atlantik befindliche deutsche Kriegsschiffe am 19. September 1914 in Baltimore ein. Hier wurde sie interniert und am 6. April 1917 vom U. S. Shipping Board beschlagnahmt. Am 5. September 1917, umbenannt in ANTIGONE, kam sie in den Dienst der US Navy. Eine erneute Umbenennung erfolgte 1921. Als POTOMAC blieb das Schiff noch weitere 7 Jahre unter amerikanischer Flagge. Nach einer letzten Ozeanüberquerung wurde es 1928 in den Niederlanden abgewrackt.

Foto: Sammlung Möller

ARTEMISIA Hapag, Hamburg
Bauwerft: Palmers S. B. & Iron Co., Jarrow /
Baunummer: 749 / 5697 BRT / 3676 NRT /
8875 tdw / 137,5 m Länge reg. / 15,8 m Breite /
1 III-Exp. / 3300 PS / 12,5 kn / 1 Schr. /
Passagiere: 10 I., 1100 ZwD /
Besatzung: 50

Die ARTEMISIA lief am 21. Januar 1901 vom Stapel. Bereits wenige Tage nach der Ablieferung an die Reederei lief sie zu ihrer Jungfernreise von Hamburg nach Philadelphia aus. Die erste Reise über den Nordatlantik begann am 18. März 1901. Die Hamburg-Amerika Linie brachte die ARTEMISIA bis 1909 für Fahrten zur amerikanischen Westküste zum Einsatz. Für eine Reise von Hamburg nach Philadelphia mußte das Schiff 4080 Seemeilen zurücklegen. Die Entfernung nach San Francisco an der Westküste Amerikas betrug dagegen 13844 Seemeilen. Mit ihren etwa 15 Knoten Geschwindigkeit benötigte die ARTEMISIA auf dieser Route ohne Aufenthalt in Zwischenhäfen etwa 38 Tage Fahrtzeit.

Während des ersten Weltkrieges war die ARTEMISIA in Hamburg aufgelegt. Im April 1919 mußte sie an den Shipping Controller übergeben werden. Bis 1921 wurde sie von Rankin, Gilmour & Co. bereedert. Neuer Eigner wurde in diesem Jahr H. M. Thomson in Edinburgh. Ende 1930 brach eine japanische Abwrackwerft das Schiff ab.

Foto: Hapag-Lloyd AG

SILVIA Hapag, Hamburg
Bauwerft: Flensburger Schiffbau-Gesellschaft / Baunummer: 204 / 6580 BRT / 4212 NRT / 8500 tdw / 128,0 m Länge reg. / 17 m Breite / 1 IV-Exp. / 2700 PS / 11 kn / 1 Schr. / Passagiere: 34 I., 24 II., 1300 ZwD / Besatzung: 47

Die SILVIA lief am 21. März 1901 vom Stapel. Nach der Ablieferung am 25. Mai 1901 kam sie auf der Nordatlantik-Route zum Einsatz. In dieser Zeit lief sie auch südamerikanische Häfen an. Am 26. Januar 1906 befand sich die SILVIA mit russischen Truppen an Bord bei einem Chartereinsatz für die russische Regierung im Japanischen Meer. In der Nähe des Hafens von Wladiwostok lief das Schiff auf eine Treibmine. Nur mit Hilfe von Eisbrechern konnte die SILVIA nach Wladiwostok gelangen.

Im August 1914 wurde die SILVIA in Argentinien aufgelegt. Im Dezember sollte sie in Montevideo Kohle für das Kreuzergeschwader des Grafen von Spee übernehmen. Das Schiff lief zwar den Hafen an, blieb dort jedoch liegen. Die Regierung von Uruguay beschlagnahmte am 14. September 1917 die SILVIA und nannte sie in RIVERA um. Die RIVERA wurde 1938 in Danzig abgewrackt.

Foto: Sammlung Fuchs

KRONPRINZ WILHELM NDL, Bremen
Bauwerft: A. G. »Vulcan«, Stettin /
Baunummer: 249 / 14 908 BRT / 5 162 NRT /
202,2 m Länge / 20,2 m Breite / 2 IV-Exp. /
30 000 PS / 22 kn / 2 Schr. /
Passagiere: 367 I., 340 II., 1054 III. /
Besatzung: 527

Die KRONPRINZ WILHELM, am 30. März 1901 vom Stapel gelassen, wurde am 25. August 1901 fertiggestellt. Die Jungfernfahrt des Schnelldampfers von Bremerhaven nach New York begann am 17. September des gleichen Jahres. Die KRONPRINZ WILHELM konnte im September 1902 den Rekord des Schnelldampfers DEUTSCHLAND auf der Westroute um 0,3 Knoten überbieten. Damit errang sie das »Blaue Band«. Doch bereits im Jahre 1903 konnte die DEUTSCHLAND diese begehrte Trophäe zurückerobern.

Im dichten Nebel kollidierte die KRONPRINZ WILHELM am 8. Oktober 1902 im Kanal mit dem britischen Frachter ROBERT INGHAM, der nach dem Unglück sofort sank. Am 21. Juli 1914 lief die KRONPRINZ WILHELM zum letzten Mal mit Passagieren an Bord nach New York aus. Unter dem Kommando von Kapitän Grahn erreichte sie den Zielhafen am 29. Juli 1914. Am 3. August 1914 verließ der Schnelldampfer New York, um in der Nähe der Bahama-Inseln mit dem kleinen Kreuzer KARLSRUHE zusammenzutreffen, von dem die KRONPRINZ WILHELM für den Einsatz als Hilfskreuzer zwei 8,8 cm Schnellfeuerkanonen und ein Maschinengewehr übernahm. Das Auftauchen des britischen Kreuzers SUFFOLK verhinderte die weitere Armierung des Schiffes. Unter dem Kommando von Kapitänleutnant zur See Tierfel-

Foto: Sammlung Rothe

der führte das Schiff 8 Monate lang Handelskrieg im südlichen Atlantik. Der Einsatz als Hilfskreuzer dauerte bis zum Anlaufen von Newport News am 11. April 1915 250 Tage und 13 Stunden. Der Gesamtweg betrug 37666 sm. 65 Tage davon, mehr als $^1/_4$ der Fahrtdauer, benötigte das Schiff allein für die Kohleübernahme auf See. Es versenkte 15 Schiffe mit insgesamt 60500 BRT. Der Hilfskreuzer wurde am 26. April 1915 in Newport News interniert und später nach Philadelphia überführt. Die USA beschlagnahmten am 6. April 1917 das Schiff. Unter dem Namen VON STEUBEN war es vom 31. Oktober 1917 bis zum Oktober 1919 als Transportschiff der US Navy zwischen den USA und Frankreich in Fahrt. Am 13. Oktober 1919 außer Dienst gestellt, legte das U.S. Shipping Board die VON STEUBEN auf und verkaufte das Schiff 1923 an die Boston Iron & Steel Metal Company zum Abbruch.

Foto: Sammlung Rothe

Moltke Hapag, Hamburg
Bauwerft: Blohm & Voss, Hamburg / Baunummer: 150 / 12335 BRT / 7633 NRT / 10500 tdw / 167,5 m Länge / 18,9 m Breite / 2 IV-Exp. / 9500 PS / 16 kn / 2 Schr. / Passagiere: 333 I., 169 II., 1600 ZwD / Besatzung: 252

Nach ihrem Stapellauf am 27. August 1901 und der Ablieferung im Februar 1902 lief die Moltke am 9. März 1902 zu ihrer Jungfernreise von Hamburg nach New York aus. Bevor das Schiff nach einer Kreuzfahrt im Jahre1906, die von New York in den Orient führte, in die Cross-Trade-Fahrt überwechselte, war die Moltke auf 34 Rundreisen auf der Route Hamburg–New-York–Hamburg im Einsatz gewesen. Am 3. April 1906 legte das Schiff zu seiner ersten Atlantiküberquerung von Genua nach New York ab. Bis zum ersten Weltkrieg unternahm die Moltke 77 Rundreisen auf der Route Genua–New-York–Genua.

Anfang August 1914 in Genua aufgelegt, stand das Schiff bis zum 20. August 1914 der deutschen Mittelmeerdivision zur Verfügung. Am 25. Mai 1915 beschlagnahmte die italienische Regierung die Moltke. Als zu seiner Zeit größtes Handelsschiff unter italienischer Flagge wurde das inzwischen in Pesaro umbenannte Schiff 1919 vom Lloyd Sabaudo Sa. Anon. per Azion, Genua, für Fahrten nach New York eingesetzt. Vor seinem Abbruch in Spezia (Italien) im Jahre 1925 lief das Schiff von Genua auch südamerikanische Häfen an.

Foto: Sammlung Dekker

Foto: Sammlung Rothe

BLÜCHER Hapag, Hamburg
Bauwerft: Blohm & Voss, Hamburg /
Baunummer: 151 / 12334 BRT / 7629 NRT /
10500 tdw / 167,5 m Länge / 18,9 m Breite /
2 IV-Exp. / 9500 PS / 16 kn / 2 Schr. /
Passagiere: 333 I., 169 II., 1600 ZwD /
Besatzung: 252

Am 23. November 1901 lief die BLÜCHER bei Blohm & Voss in Hamburg vom Stapel, am 31. Mai 1902 war sie fertiggestellt. Am 6. Juni 1902 begann die Jungfernreise der BLÜCHER von Hamburg nach New York. In den darauffolgenden Jahren war das Schiff vorwiegend zwischen Hamburg und Südamerika im Einsatz. Es sind aber auch verschiedene Nordlandfahrten nach Norwegen bekannt.

Zu Beginn des ersten Weltkrieges befand sich die BLÜCHER in Südamerika. Hier wurde sie im brasilianischen Hafen Pernambuco (Recife, Staat Pernambuco) interniert. Im Juni 1917 beschlagnahmte die Regierung Brasiliens das deutsche Schiff. Unter dem Namen LEOPOLDINA lief es bis zum Ende des ersten Weltkrieges. Neuer Besitzer nach Kriegsende wurde 1919 die französische Regierung, welche den ehemaligen Hapag-Liner im April 1921 an die Cie. Générale Transatlantique nach Le Hávre vercharterte. Nach einigen Fahrten zwischen Le Hávre und New York wurde das Schiff im Dezember 1921 aufgelegt, später an die Cie. Générale Transatlantique verkauft und in SUFFREN umbenannt. Der italienische Hafen Genua war das Ziel der letzten Reise. Hier erfolgte der Abbruch im Frühjahr 1929.

Foto: Sammlung Rothe

CHEMNITZ NDL, Bremen
Bauwerft: J. C. Tecklenborg, Geestemünde /
Baunummer: 177 / 7542 BRT / 4784 NRT /
8850 tdw / 136,10 m Länge / 14,46 m Breite /
2 III-Exp. / 3200 PS / 12,7 kn / 2 Schr. /
Passagiere: 129 II., 1935 ZwD /
Besatzung: 98

Zur Köln-Klasse des Norddeutschen Lloyd gehörte neben den Schiffen KÖLN, FRANKFURT, HANNOVER, CASSEL, BRESLAU und BRANDENBURG auch die CHEMNITZ. Diese Sturmdeckschiffe waren vor allem im Dienst nach Baltimore und Galveston eingesetzt. Dieser Schiffstyp verfügte nur über eine geringe Anzahl an Kajütplätzen, konnte dafür jedoch im Zwischendeck eine große Anzahl von Passagieren befördern. Die CHEMNITZ hatte am 27. November 1901 ihren Stapellauf. Am 19. März 1902 wurde sie vom Norddeutschen Lloyd in Dienst gestellt.

Am 11. Juli 1914 stellte die Kaiserliche Marine die CHEMNITZ als Lazarettschiff LZ (I), mit 309 Krankenbetten ausgerüstet sowie mit 76 Mann Sanitätspersonal versehen, in ihren Dienst. Das Schiff wurde am 5. Januar 1915 der Reederei zurückgegeben, jedoch 1917 erneut in den Dienst der Marine gestellt. Die CHEMNITZ war 1917 als Transporter beim Ösel-Unternehmen und 1918 beim Finnland-Unternehmen eingesetzt. Am 17. April 1919 mußte das Schiff an den Shipping Controller abgeliefert werden. Bis zum Abbruch 1923 in den Niederlanden blieb es unter britischer Flagge.

Foto: Sammlung Rothe

SCHLESWIG NDL, Bremen
Bauwerft: A. G. »Vulcan«, Stettin /
Baunummer: 252 / 6955 BRT / 4329 NRT /
6400 tdw / 142,37 m Länge / 15,9 m Breite /
2 III-Exp. / 4000 PS / 14 kn / 2 Schr. /
Passagiere: 227 I., 69 II., 234 III. /
Besatzung: 125

Die SCHLESWIG lief am 10. Mai 1902 vom Stapel und konnte am 4. September des gleichen Jahres vom Norddeutschen Lloyd in Dienst gestellt werden. Dieses Schiff war in ähnlicher Weise wie die Schiffe der Prinzen-Klasse für die Linie nach Ostasien und für den La-Plata-Dienst geeignet. Die Reederei setzte die SCHLESWIG auch im Mittelmeer zu Vergnügungsfahrten ein.

Im August 1914 wurde die SCHLESWIG von der Kaiserlichen Marine eingezogen und zum Lazarettschiff umgerüstet. Am 26. August konnte das Schiff, ausgerüstet mit 383 Krankenbetten und versehen mit 76 Mann Sanitätspersonal, als Lazarettschiff LZ (I) in Dienst gestellt werden. Doch bereits am 28. Februar 1916 erhielt der Lloyd das Schiff zurück. 1917 erneut von der Marine eingezogen, wurde die SCHLESWIG nach Umbau als Truppentransporter im Ösel-Unternehmen und 1918 im Finnland-Unternehmen eingesetzt. Am 18. August 1919 mußte das Schiff an Frankreich abgeliefert werden. Unter dem Namen GENERAL DUCHESNE blieb die ehemalige SCHLESWIG bis 1932 unter französischer Flagge. An der französischen Mittelmeerküste in La Seyne bei Toulon wurde das Schiff 1933 abgewrackt.

Foto: Sammlung Lehmann

BADENIA Hapag, Hamburg
Bauwerft: Furness, Withy & Co., West Hartlepool / Baunummer: 264 / 6416 BRT / 4286 NRT / 10050 tdw / 163,1 m Länge reg. / 16,1 m Breite / 1 III-Exp. / 2900 PS / 11 kn / 1 Schr. / Passagiere: 1500 ZwD / Besatzung: 96

Am 7. Juli 1902 vom Stapel gelassen und am 11. Oktober in Dienst gestellt, legte die BADENIA am 22. Oktober 1902 zu ihrer Jungfernreise von Hamburg nach Baltimore ab. Das Schiff war in der Lage, eine große Anzahl Zwischendeckpassagiere aufzunehmen und hatte eine große Frachtkapazität.

Zu Beginn des ersten Weltkrieges war die BADENIA gezwungen, ihre Reisen nach Übersee einzustellen. Sie wurde im August 1914 in Hamburg aufgelegt. Auch dieses Schiff gehörte mit zur Transporterflotte bei der Besetzung der Inseln Ösel (Saatemaa), Moon, (Muchu) und Dagö (Hiiumaa) im September 1917 in der Ostsee. Als Transporter 9 war die BADENIA von September bis Anfang November 1917 für das Ösel-Unternehmen in Dienst gestellt worden. Am 20. August 1919 lief die BADENIA von Hamburg nach Leith (Edinburgh), wo sie am 1. September 1919 an Großbritannien abgeliefert wurde. Von September 1919 bis 1922 bereederte das Schiff die Holt Line, Liverpool. Die Schiffahrtslinien dieser Reederei führten nach Australien und Ostindien. 1922 wurde die BADENIA, umbenannt in HOLM, wieder unter deutscher Flagge in Dienst gestellt. Eigner wurde die »Artus« Danziger Reederei und Handels AG, die einen regelmäßigen Fracht- und Passagierverkehr nach Südamerika durchführte. Am 24. November 1926 ging die HOLM wieder an die Hapag zurück, denn die »Artus« war Eigentum von Hugo Stinnes und die Stinnes Linie wurde 1926 in die Hapag eingegliedert. Die HOLM blieb bis 1929 von Hamburg nach Südamerika in Fahrt. Im Dezember 1929 verkaufte die Reederei das Schiff zum Abbruch nach Harburg.

Foto: Sammlung Rothe

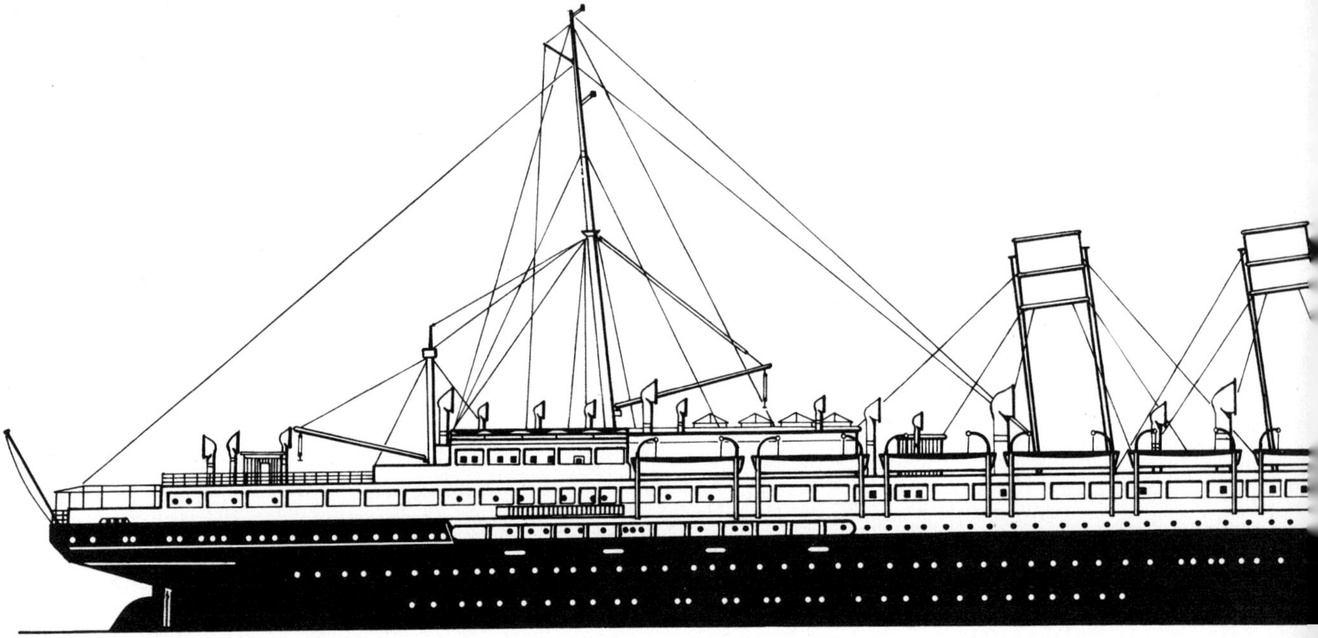

DEUTSCHLAND

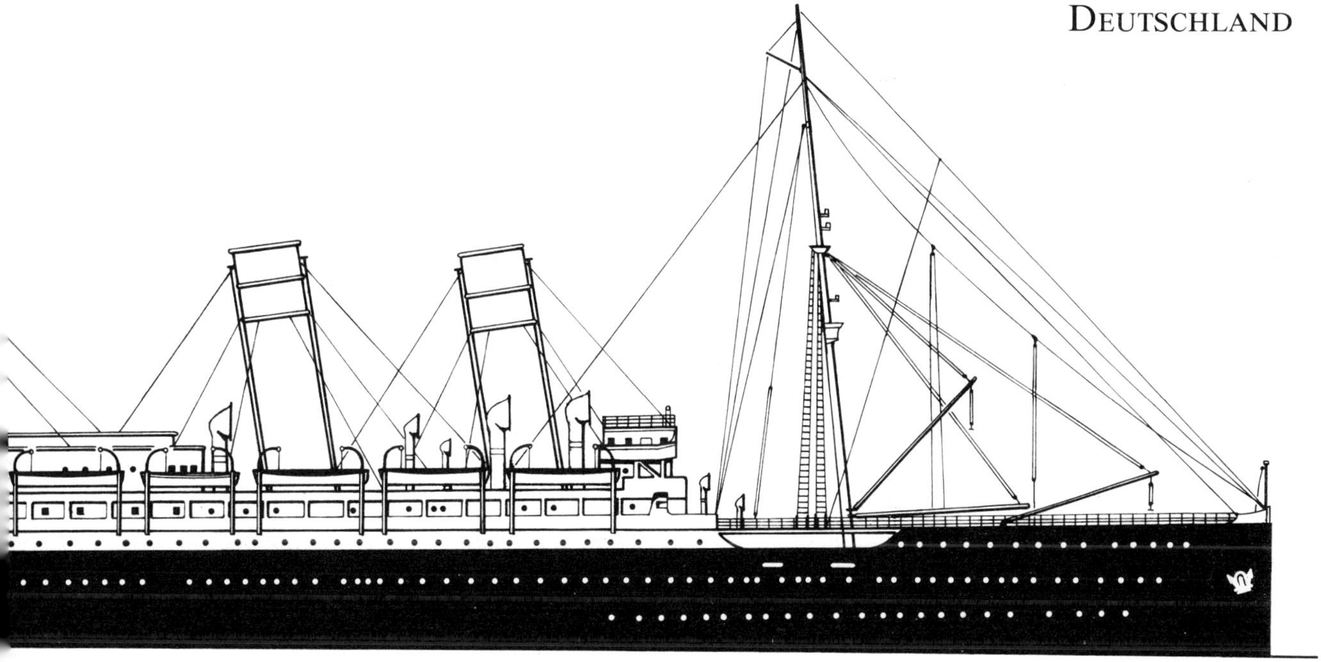

KAISER WILHELM II.

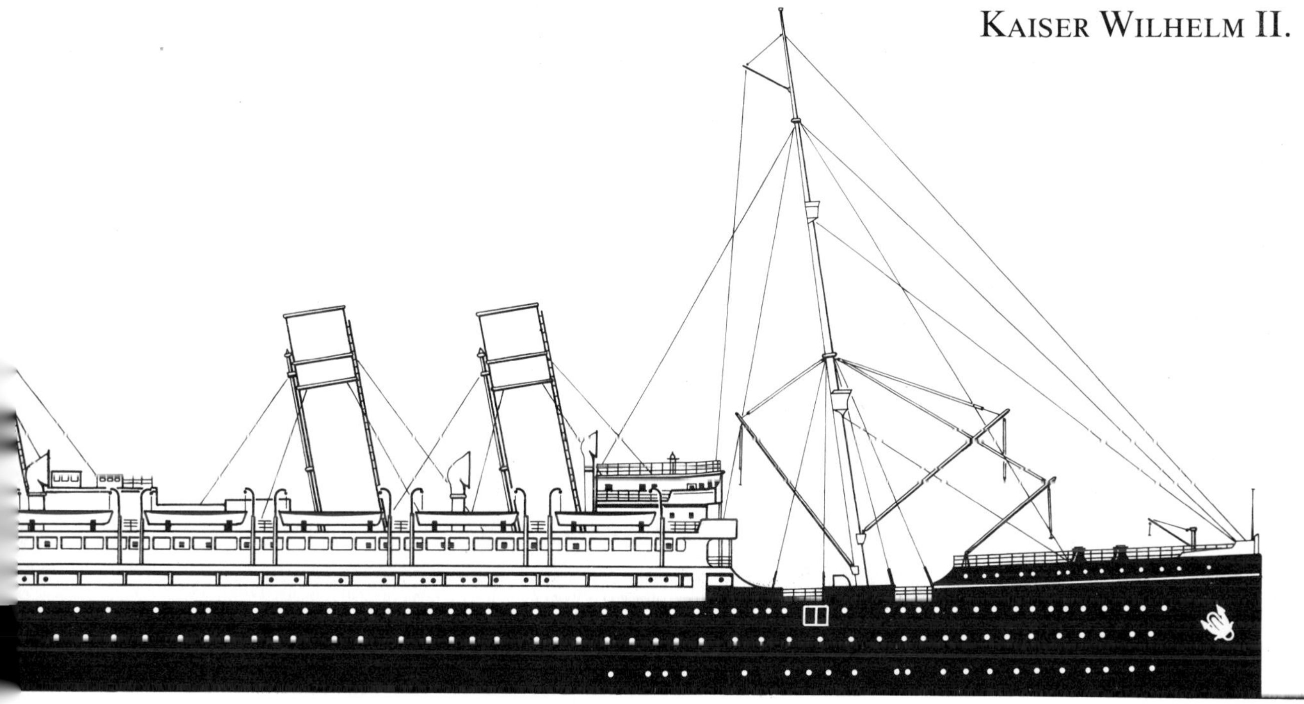

KAISER WILHELM II. NDL, Bremen
Bauwerft: A. G. »Vulcan«, Stettin /
Baunummer: 250 / 19361 BRT / 6353 NRT /
215,3 m Länge / 21,9 m Breite /
4 IV-Exp. / 40000 PS / 23 kn / 2 Schr. /
Passagiere: 775 I., 343 II., 770 III. /
Besatzung: 600

Nach erfolgtem Stapellauf am 12. August 1902 konnte die KAISER WILHELM II. am 30. März 1903 fertiggestellt und dem Norddeutshen Lloyd übergeben werden. Zu seiner Jungfernreise lief der Schnelldampfer am 14. April von Bremerhaven nach New York aus. Die KAISER WILHELM II. konnte 1904 den Geschwindigkeitsrekord des Schnelldampfers DEUTSCHLAND von 23,51 auf 23,58 Knoten verbessern. Am 20. Juli 1907 mußte die geplante Reise abgebrochen werden, da bei der Übernahme von Kohle in Bremerhaven das Schiff Schlagseite erlitt, die Kohlenpforten unter die Wasserlinie gerieten und dadurch die gebunkerte Kohle unbrauchbar wurde. 7 Jahre später, am 17. Juni 1914, kollidierte die KAISER WILHELM II. nach dem Passieren der Needls (Isle of Wight) im Nebel mit dem britischen Dampfer INCEMORE. Die KAISER WILHELM II. mußte mit starker Schlagseite nach Southampton (Großbritannien) zurückkehren.

Im August 1914 wurde der Schnelldampfer in New York interniert und von den USA im April 1917 beschlagnahmt. Umbenannt in AGAMEMNON nutzte die US Navy von 1917 bis 1919 das Schiff als Transporter. In dieser Zeit lief es 19mal europäische Häfen an. Im August 1919 wurde die AGAMEMNON aufgelegt. Auch nach ihrer Umbenennung in MONTICELLO im Jahre 1929 blieb sie aufgelegt. Da sich für die ehemalige KAISER WILHELM II. kein Käufer fand, wurde sie 1940 in Baltimore bei der Boston Iron & Metal Co. abgewrackt.

Foto: Sammlung Rothe

PRINZ ADALBERT Hapag, Hamburg
Bauwerft: Bremer Vulkan, Vegesack /
Baunummer: 450 / 6030 BRT / 3797 NRT /
6150 tdw / 128,0 m Länge / 14,9 m Breite /
1 IV-Exp. / 3250 PS / 12,5 kn / 1 Schr. /
Passagiere: 124 I., 1030 ZwD /
Besatzung: 121

Das dritte Schiff der Prinzen-Klasse der Hamburg-Amerika Linie lief am 21. August 1902 vom Stapel. Die Indienststellung fand am 12. Januar 1903 statt. Die PRINZ ADALBERT verließ Hamburg am 20. Januar 1903 zur Jungfernreise nach Rio de Janeiro.

Im gleichen Jahr lief das Schiff von Hamburg nach Mexiko, ohne die Zwischenhäfen in Westindien anzulaufen. Die Reederei eröffnete mit dem Auslaufen der PRINZ ADALBERT am 8. April 1903 die durchgehende Verbindung zwischen Hamburg und Mexiko. Ein Jahr später lief sie erstmals ab Genua nach New York. Ab 1906 stellte die Hapag die PRINZ ADALBERT in der Route Genua–Argentinien ein. Ende 1910 machte das Schiff auch in Philadelphia fest. Die PRINZ ADALBERT blieb bis zum ersten Weltkrieg in Dienst auf dem Nordatlantik. Beim Beginn des Krieges wurde das Schiff, das sich von Philadelphia kommend, auf der Heimreise nach Hamburg befand und den Hafen Falmouth angelaufen hatte, am 4. August 1914 von Großbritannien beschlagnahmt. Bis 1916 blieb es in Großbritannien, zuletzt als PRINCETOWN im Dienst für die Royal Navy. Im Februar 1917 kam es unter französische Flagge. Als ALESIA fuhr die ehemalige PRINZ ADALBERT für die Cie. Sudatlantique de Nav., Marseille. Die ALESIA wurde am 6. September 1917, etwa 40 Seemeilen nördlich der französischen Insel Ouessant (Ile d'Ouessant), vom U-Boot UC 50 versenkt.

Foto: Hapag-Lloyd AG

PRINZ SIGISMUND Hapag, Hamburg
Bauwerft: A. G. »Neptun«, Rostock /
Baunummer: 207 / 4689 BRT / 2942 NRT /
5520 tdw / 112,8 m Länge reg. / 13,7 m Breite /
1 IV-Exp. / 2400 PS / 11,5 kn / 1 Schr. /
Passagiere: 100 I., 710 ZwD /
Besatzung: 70

Die Taufe des Hapag-Schiffes auf den Namen PRINZ SIGISMUND fand bereits einen Tag vor dem Stapellauf, dem 28. September 1902, statt. Die Ablieferung war, verzögert durch einen Brand an Bord des Schiffes im Februar 1903, erst am 6. Juli 1903. Im Juli des gleichen Jahres lief die PRINZ SIGISMUND zur Jungfernreise von Hamburg nach Brasilien aus. Zu Beginn des Jahres 1907 setzte die Hapag die PRINZ SIGISMUND auf der Route New-York–Mittelamerika ein.

Am 3. August 1914 wurde die PRINZ SIGISMUND in Colón (Panama) aufgelegt und am 6. April 1917 von den USA beschlagnahmt. Die US Army stellte das Schiff, umbenannt in GENERAL W. C. GORGAS, als Transporter in Dienst. Im Januar 1919 übernahm den Transporter die US Navy, und im Juli 1919 erhielt das U. S. Shipping Board das Schiff zurück. Es kam 1919 in Charter an die Panama Railroad Co., New York, und 1926 an die Libby, Mc. Neils & Libby, San Francisco. Entsprechend des Leih- und Pachtgesetzes (Lend-Lease-Act) erhielt 1941 die Sowjetunion dieses Schiff. Als MIKHAIL LOMONOSOV war die ehemalige PRINZ SIGISMUND bis zur Außerdienststellung und dem Abbruch im Jahre 1958 unter sowjetischer Flagge in Fahrt.

Foto: Sammlung Rothe

SEYDLITZ NDL, Bremen
Bauwerft: F. Schichau, Danzig /
Baunummer: 693 / 8008 BRT / 4847 NRT /
6800 tdw / 137,2 m Länge / 16,90 m Breite/
2 III-Exp. / 6000 PS / 14,5 kn / 2 Schr. /
Passagiere: 101 I., 115 II., 134 III. etwa 1500 ZwD /
Besatzung: 155

Am 25. Oktober 1902 lief die SEYDLITZ in Danzig vom Stapel. Sie konnte im März 1903 an den Norddeutschen Lloyd übergeben werden. Das Schiff gehörte zur sogenannten Feldherren-Klasse. Die Schiffe der Feldherren-Klasse, eine Weiterentwicklung der Prinzen-Klasse, waren für den Einsatz in tropischen Fahrtgebieten bestimmt und entsprechend ausgestattet. Nach ihrer Jungfernreise kam die SEYDLITZ abwechselnd im Liniendienst nach Australien, Fernost und Nord- und Mittelamerika zum Einsatz.

Im August 1914 befand sich das Schiff auf einer Reise von Sydney nach Valparaiso. Die Etappe Südamerika-Westküste erfaßte die SEYDLITZ und rüstete sie als Versorgungsfahrzeug für das Kreuzergeschwader um. Im Dezember 1914 wurde es in San Antonio (Argentinien) interniert. Die Besatzung des Schiffes zerstörte 1917 die Maschine der SEYDLITZ. Im Schlepp kehrte sie 1920 nach Europa zurück. Im Rahmen des »Columbus«-Abkommens blieb sie in der Flotte des Norddeutschen Lloyd. Am 12. Februar 1922 eröffnete die SEYDLITZ als erstes deutsches Schiff den Liniendienst zwischen Bremerhaven und New York. In Bremerhaven wurde sie 1933 abgewrackt.

Foto: Sammlung Kludas

GNEISENAU NDL, Bremen
Bauwerft: A. G. »Vulcan«, Stettin /
Baunummer: 253 / 8185 BRT / 4947 NRT /
6800 tdw / 138,37 m Länge / 16,88 m Breite /
2 III-Exp. / 6000 PS / 14,5 kn / 2 Schr. /
Passagiere: 124 I., 116 II., 1800 ZwD /
Besatzung: 152

Für den Reichspostdampfer–Dienst in Auftrag gegeben, lief die GNEISENAU am 1. April 1903 vom Stapel. Nach ihrer Jungfernreise war sie neben Fahrten im Nordatlantik–Dienst überwiegend nach Australien eingesetzt. Auf der Fahrt von Bremerhaven nach Australien traf die GNEISENAU am 31. Juli 1914 in Antwerpen ein. Hier wurde sie zu Beginn des Krieges von den belgischen Behörden beschlagnahmt und im Oktober 1914 auf der Schelde als Hindernis im Fahrwasser versenkt. Die GNEISENAU lag platt auf der Steuerbordseite. Anfang Januar 1917 gelang es der Firma Dyckerhoff & Widemann A. G., das Schiff zu heben und aufzurichten.

Im November 1918 beschlagnahmten die belgischen Behörden das Schiff erneut. Als Kriegsbeute wurde es 1919 Italien zuerkannt. Bis zum 20. Juni 1919 konnte das Wrack der GNEISENAU in Antwerpen wieder instand gesetzt werden. Als CITTA DI GENOVA kam die ehemalige GNEISENAU 1921 für die Navigazione Generale Italiana wieder in Fahrt. Das Schiff wurde im Oktober 1930 in Italien abgewrackt.

Foto: Sammlung Rothe

Foto: Sammlung Lehmann

PRESIDENT LINCOLN Hapag / Hamburg
Bauwerft: Harland & Wolff, Belfast /
Baunummer: 353 / 18168 BRT / 11223 NRT /
20000 tdw / 187,8 m Länge / 10,8 m Breite /
2 IV-Exp. / 7650 PS / 14,5 kn / 2 Schr. /
Passagiere: 324 I., 152 II., 1004 III., 2350 ZwD /
Besatzung: 344

Der Stapellauf des Schiffes erfolgte als SCOTIAN für eine britische Reederei am 8. Oktober 1903. Unvollendet, da der Auftraggeber vor der Fertigstellung des Schiffes vom Vertrag Abstand genommen hatte, wurde es von der Bauwerft aufgelegt. Die Hamburg-Amerika Linie kaufte Ende 1906 das noch unfertige Schiff. Die Arbeiten an der PRESIDENT LINCOLN konnten bis zum 20. Mai 1907 beendet werden. Am 1. Juni 1907 lief sie zu ihrer Jungfernreise von Hamburg nach New York aus und blieb bis zum Beginn des ersten Weltkrieges im Nordatlantik–Dienst.

Die PRESIDENT LINCOLN wurde im August 1914 in New York interniert und am 6. April 1917 von den USA beschlagnahmt. Ohne Namensänderung stellte die US Navy das Schiff als Transporter in ihren Dienst. Im letzten Kriegsjahr, am 31. Mai 1918, wurde die nicht mit Truppen besetzte PRESIDENT LINCOLN auf der Reise von Europa nach den USA vom deutschen U-Boot U 90 torpediert und sank westlich von Brest, wobei 26 Menschen ums Leben kamen.

Foto: Sammlung Rothe

Prinz Oskar Hapag, Hamburg
Bauwerft: Bremer Vulkan, Vegesack /
Baunummer: 451 / 6026 BRT / 3777 NRT /
6180 tdw / 128,0 m Länge / 14,9 m Breite /
2 IV-Exp. / 3250 PS / 12,5 kn / 2 Schr. /
Passagiere: 125 I., 1035 ZwD /
Besatzung: 121

Die Prinz Oskar lief am 15. Dezember 1902 vom Stapel und wurde am 14. Juni 1903 der Reederei übergeben. Ebenfalls im Juni 1903 begann ihre Jungfernreise von Hamburg nach Brasilien. Ende 1903 setzte die Hapag die Prinz Oskar für Fahrten ab Genua ein; am 10. Oktober erstmals auf der Route Genua–New York. Neben Reisen vom Mittelmeer aus nach New York, war die Prinz Oskar auch der Wegbereiter für die Hapag-Verbindung von Genua zu den Häfen am La Plata. Diese Linie wurde durch die Prinz Oskar am 22. September 1906 eröffnet. Von Hamburg aus lief das Schiff bis zum Beginn des ersten Weltkrieges auch Mexiko, Montreal und Philadelphia an.

Im August 1914 befand sich das Schiff in Philadelphia. Hier wurde es aufgelegt und nach dem Kriegseintritt der USA am 5. April 1917 vom U. S. Shipping Board beschlagnahmt, das es als Orion bis 1922 in Dienst hatte. Für ein Jahr gehörte die ehemalige Prinz Oskar zur Black Star Line, New York, bis sie 1923 wieder an das U. S. Shipping Board zurückging. In Baltimore wurde das Schiff 1930 abgebrochen.

Foto: Sammlung Fuchs

PRESIDENT GRANT Hapag, Hamburg
Bauwerft: Harland & Wolff, Belfast /
Baunummer: 354 / 18072 BRT / 11112 NRT /
20000 tdw / 187,8 m Länge / 20,8 m Breite /
2 IV-Exp. / 7650 PS / 14,5 kn / 2 Schr. /
Passagiere: 326 I., 152 II., 1004 III., 2350 ZwD /
Besatzung: 350

Der Stapellauf des Schiffes erfolgte am 19. Dezember 1903 noch als SERVIAN im Auftrag der Wilson & Furness Line. Erst im Dezember 1906 kaufte die Hamburg-Amerika Linie das Schiff, welches im August 1907 als PRESIDENT GRANT fertiggestellt wurde. Die Jungfernreise der PRESIDENT GRANT begann am 14. September des gleichen Jahres mit dem Ziel New York.

Zu Beginn des ersten Weltkrieges befand sich das Schiff auf der Heimreise von New York nach Hamburg. Die PRESIDENT GRANT wurde nach New York zurückgeschickt und interniert. Nach der Beschlagnahme durch die USA im April 1917 diente das Schiff der US Navy als Transporter. 1921 in Nordfolk aufgelegt, hatte es nach einem Umbau 1923 in Newport News nur noch 4 Masten. Als REPUBLIC kam es im April 1924 für die United States Lines, New York, wieder auf dem Nordatlantik zwischen New York und Hamburg in Fahrt. 1931 benötigte die US Army das große Schiff als Truppentransporter. 10 Jahre später wurde die REPUBLIC als Transporter für die US Navy und ab 1945 als Hospitalschiff der US Army eingesetzt. Nach Beendigung des zweiten Weltkrieges kam die ehemalige PRESIDENT GRANT noch einmal als Truppentransporter zum Einsatz. 1952 wurde sie abgebrochen.

Foto: Sammlung Rothe

CAP ORTEGAL Hamburg-Süd, Hamburg
Bauwerft: Blohm & Voss, Hamburg /
Baunummer: 169 / 7819 BRT / 4727 NRT /
7400 tdw / 134,4 m Länge reg. / 16,0 m Breite /
2 III-Exp. / 4200 PS / 13 kn / 2 Schr. /
Passagiere: 164 I., 96 III., 338 ZwD /
Besatzung: 129

Die CAP ORTEGAL lief am 30. Dezember 1903 vom Stapel, wurde am 19. April 1904 der Reederei übergeben und machte am 6. Mai des gleichen Jahres ihre Jungfernreise von Hamburg nach Südamerika. Unter dem Kommando von Kapitän Ernst Rolin befand sich das Schiff am 30. November 1912 gerade in der Biskaya, als der britische Dampfer BARCELONA sank. Der Besatzung des deutschen Schiffes gelang es, alle Besatzungsmitglieder des britischen Dampfers zu bergen.

Im August 1914 wurde die CAP ORTEGAL in Teneriffa aufgelegt und an die Hamburg-Amerika Linie verkauft. Zu einer Übergabe kam es jedoch nicht, da das Schiff im Mai 1919 an Frankreich abgeliefert werden mußte. Umbenannt in CHAMBORD setzte eine Reederei aus Marseille die ehemalige CAP ORTEGAL nach Afrika und Ostasien ein. 1932 erfolgte der Abbruch des Schiffes.

Foto: Sammlung Rothe

SCHARNHORST NDL, Bremen
Bauwerft: J. C. Tecklenborg, Geestemünde / Baunummer: 181 / 8388 BRT / 4805 NRT / 8250 tdw / 143,60 m Länge / 16,97 m Breite / 2 III-Exp. / 6300 PS / 14,5 kn / 2 Schr. / Passagiere: 345 (+400 ZwD) / Besatzung: 157

Die SCHARNHORST lief am 14. Mai 1904 vom Stapel. Am 20. August des gleichen Jahres war die Indienststellung. Bis zum ersten Weltkrieg setzte der Norddeutsche Lloyd das Schiff hauptsächlich im Ostasien–Dienst ein, gelegentlich auch nach New York.

Zu Beginn des ersten Weltkrieges wurde das Schiff, das sich zu diesem Zeitpunkt in Deutschland befand, in den Dienst der Kaiserlichen Marine gestellt, zum Lazarettschiff umgebaut und für die Aufnahme von 280 Kranken und 76 Mann Sanitätspersonal ausgerüstet. Am 20. Februar 1915 übergab die Marine die SCHARNHORST an die Reederei. Erst beim Ösel-Unternehmen kam sie wieder, zum Truppentransporter umgebaut, für die Kaiserliche Marine zum Einsatz. Im Februar 1920 mußte das Schiff an Frankreich abgeliefert werden. Am 2. April 1921 machte die ehemalige SCHARNHORST als LA BOURDONNAIS die erste Reise für die Cie. Gen. Transatlantique. In Genua wurde sie 1934 abgewrackt.

Foto: Sammlung Fuchs

Prinz Eitel Friedrich NDL, Bremen
Bauwerft: A. G. »Vulcan«, Stettin /
Baunummer: 254 / 8797 BRT / 4812 NRT /
6300 tdw / 149,10 m Länge / 16,88 m Breite /
2 IV-Exp. / 7500 PS / 15 kn / 2 Schr. /
Passagiere: 157 I., 166 II., 648 ZwD /
Besatzung: 200

Die Prinz Eitel Friedrich lief am 18. Juni 1904 vom Stapel. Der Norddeutsche Lloyd stellte das Schiff im Januar 1905 in Dienst. Eingesetzt wurde die Prinz Eitel Friedrich auf der Route Bremen–Ostasien.

Als sich das Schiff Ende Juni 1914 auf der Heimreise von Japan nach Deutschland in ostasiatischen Gewässern befand, erhielt es im Hafen von Shanghai die Order der Kaiserlichen Marine, Tsingtau (Qingdao) anzulaufen. Am 2. August 1914 hatte die Prinz Eitel Friedrich Tsingtau (Qingdao) erreicht. Hier wurde sie zum Hilfskreuzer ausgerüstet. Die Armierung sowie die Besatzung erhielt sie von den beiden deutschen Kanonenbooten Luchs und Tiger. Am 5. August 1914 wurde der Hilfskreuzer unter dem Kommando von Korvettenkapitän Thierichens in den Dienst der Kaiserlichen Marine gestellt. Am 27. Oktober 1914 traf die Prinz Eitel Friedrich bei der Insel Más a fuera (Alejanbro Selkirk-Insel) vor der chilenischen Küste mit dem Kreuzergeschwader des Grafen von Spee zusammen. Am 4. und 5. November 1914 übernahm sie in Valparaiso Provinant und Kohlen. Nach dem Aufbruch des Kreuzergeschwaders nach Süden am 15. November 1914 kreuzte der Prinz Eitel Friedrich, um die Abfahrt des Kreuzergeschwaders zu verschleiern, weiter an der Westküste und vor Valparaiso. Bis März 1915 versenkte die Prinz Eitel Friedrich als Hilfskreuzer 11 Schiffe mit zusammen 33424 BRT, darunter das französische Passagier- und Frachtschiff Floride (6629 BRT). Kohlenmangel und nötige Überholungsarbeiten zwangen die Prinz Eitel Friedrich, einen Hafen in den USA anzusteuern. Am 10. März 1915 lief sie im Hafen von Newport News ein, wo sie am 8. April interniert wurde. Die Regierung der USA beschlagnahmte 1917 das Schiff

Foto: Sammlung Rothe

und setzte es, umbenannt in DE KALB, als Truppentransporter ein. 1921 kaufte die United American Line (Harriman Line) den Dampfer. Als MOUNT CLAY verkehrte er im Gemeinschaftsdienst mit der Hamburg-Amerika Linie auf der Route New York–Hamburg. Als erstes Schiff des gemeinsamen Dienstes traf die MOUNT CLAY am 17. Januar 1921 in Cuxhaven ein. Die ehemalige PRINZ EITEL FRIEDRICH wurde 1935 abgewrackt.

Foto: Sammlung Rothe

FUERST BISMARCK Hapag, Hamburg
Bauwerft: Fairfield, Shipb. & Eng. Co., Glasgow /
Baunummer: 438 / 8332 BRT / 5067 NRT /
7480 tdw / 148,1 m Länge / 16,8 m Breite /
2 IV-Exp. / 6500 PS / 14,5 kn / 2 Schr. /
Passagiere: 243 I., 44 II., 1300 ZwD /
Besatzung: 212

Die FUERST BISMARCK lief am 22. März 1905 vom Stapel. Das Schiff konnte von der Hamburg-Amerika Linie am 10. Juni des gleichen Jahres in Dienst gestellt werden. Die FUERST BISMARCK lief zur Jungfernreise am 19. August 1905 von Hamburg nach New York aus. Vor ihrem Einsatz nach Kuba und Mexiko war die FUERST BISMARCK auch zwischen New York und Italien in Fahrt.

Am 10. Januar 1906 trat die FUERST BISMARCK ihre erste Reise von Hamburg nach Mexiko an. Auf dieser Route wurde sie zusammen mit der KRONPRINZESSIN CECILIE eingesetzt. Noch vor dem ersten Weltkrieg nahm die Hapag eine Namensänderung in FRIEDRICHSRUH vor.

Von August 1914 bis August 1917 wurde die FRIEDRICHSRUH in Hamburg aufgelegt. Im September/November 1917 war das Schiff am Ösel-Unternehmen beteiligt. Die FRIEDRICHSRUH teilte das Los vieler anderer deutscher Schiffe als sie 1919 an den Shipping Controller abgeliefert werden mußte. Bis zur Übergabe an Frankreich bereederte die britische Orient Line das Schiff. Für die 1857 gegründete Messageries Maritimes, Marseille, kam die ehemalige FUERST BISMARCK 1922 unter dem Namen AMBOISE unter französischer Flagge in Dienst, bis sie 1935 ihre letzte Reise zur Abwrackwerft nach Genua antrat. Das Foto zeigt sie als AMBOISE.

Foto: Sammlung A. Duncan

BORUSSIA Hapag, Hamburg
Bauwerft: Friedrich Krupp A. G. Germaniawerft, Kiel / Baunummer: 106 / 6951 BRT / 4279 NRT / 7300 tdw / 128,0 m Länge reg. / 16,5 m Breite / 2 IV-Exp. / 3600 PS / 2 Schr. / 12,5 kn / Passagiere: 64 I., 40 II., 1780 ZwD / Besatzung: 115

Nach dem Stapellauf am 24. März 1905 konnte die BORUSSIA am 15. Juli des gleichen Jahres in Dienst gestellt werden. An Bord der BORUSSIA, die für den Einsatz als Truppentransportschiff vorgesehen war, gab es für die Passagiere kaum Komfort. Dennoch war die Inneneinrichtung zweckmäßig und solide.

Zu ihrer Jungfernreise mit Kurs Ostasien legte sie am 30. Juli 1905 von Hamburg ab. Ein Jahr darauf, am 25. September 1906, führte ihre erste Reise von Hamburg nach Brasilien. Am 22. Oktober 1907 sank das Schiff bei der Kohlenübernahme auf dem Tejo bei Lissabon.

Foto: Sammlung Rothe

AMERIKA Hapag, Hamburg
Bauwerft: Harland & Wolff, Belfast /
Baunummer: 357 / 22225 BRT / 13368 NRT /
21000 tdw / 213,4 m Länge / 22,7 m Breite /
2 IV-Exp. / 15000 PS / 17,5 kn / 2 Schr. /
Passagiere: 420 I., 255 II., 223 III., 1765 ZwD /
Besatzung: 577

Nach ihrem Stapellauf am 20. April 1905 und ihrer Fertigstellung im September des gleichen Jahres war die AMERIKA für kurze Zeit das größte Passagierschiff der Welt. Dieses Schiff der Hamburg-Amerika Linie begann am 11. Oktober 1905 seine Jungfernreise von Hamburg nach New York. Auf dieser Route beförderte die AMERIKA bis zum Juni 1914 viele Auswanderer.

Im August 1914 wurde die AMERIKA in Boston interniert und am 6. April 1917 vom U. S. Shipping Board beschlagnahmt. Als Truppentransporter USS AMERICA nutzte die US Navy das Schiff. Unfachmännische Kohlenübernahme im Hafen von New York hatte am 15. Oktober 1918 zur Folge, daß das Schiff unterging. Nach erfolgter Bergung und anschließender Reparatur wurde es von Februar bis September 1919 wieder in Fahrt gebracht. In dieser Zeit beförderte die USS AMERICA auf 8 Fahrten über 46000 Passagiere von Europa nach den USA. Am 26. September 1919 wurde sie vom U. S. Shipping Board aufgelegt und vom Mai 1920 bis zum Juni 1921 bei Morse D. D. & Repair Co. in Brooklyn gründlich überholt. Seit Juni 1921 kam sie in Charter der US Mail S. S. Co. wieder in Fahrt. Ab August 1921 fuhr die ehemalige AMERIKA für die United Staates Lines im Dienst New York–Bremerhaven. Bei erneuten Umbauarbeiten in Newport News brach an Bord des Schiffes am 10. März 1926 ein Feuer aus, das den Dampfer schwer beschädigte. Ab 1931 in der Chesapeak Bay aufgelegt, wurde die USS AMERICA im Oktober 1940 zum Umbau als Wohnschiff für die Marine nach Baltimore überführt. Im Januar 1941 in EDMUND B. ALEXANDER umbenannt, diente es der US Maritime Commission in St. Johns, Neufundland, als Wohnschiff. Im Juni 1941 wurde es wieder zum Truppentransporter umgebaut und zwischen New Orleans und Panama eingesetzt. Von 1943 bis 1949 nochmals als Truppentransporter für die US Army genutzt, wurde es nach 53 Jahren 1958 bei Bethlehem Steel Co. in Baltimore verschrottet.

Foto: Sammlung Rothe

RUGIA Hapag, Hamburg
Bauwerft: Bremer Vulkan, Vegesack /
Baunummer: 477 / 6598 BRT / 4139 NRT /
7490 tdw / 131,2 m Länge / 16,0 m Breite /
1 IV-Exp. / 3400 PS / 13 kn / 1 Schr. /
Passagiere: 130 I., 825 ZwD /
Besatzung: 114

Die RUGIA war ein Schiff der sogenannten Rhenania-Klasse, zu der u. a. auch die HOHENSTAUFEN gehörte. Am 17. Mai 1905 wurde die RUGIA vom Stapel gelassen und am 27. August der Hamburg-Amerika Linie übergeben. Ihre Jungfernreise führte die RUGIA 1905 von Hamburg nach Ostasien. Seit 1906 setzte die Hapag dieses Schiff überwiegend für Fahrten nach brasilianischen Häfen ein.

Ab Juli 1915 diente die RUGIA als Wohnschiff für die Kriegsmarine in Emden. Das Schiff mußte im Mai 1919 an Grßbritannien übergeben werden. Unter britischer Flagge war es für den Shipping Controller im Dienst und wurde nacheinander von der Union Castle Mail Line (Donald Currie u. Co.), London, und von den Ellerman Lines, Liverpool, bereedert. Die Hamburg-Amerika Linie kaufte die RUGIA im September 1921 zurück und setzte sie auf ihrer alten Route nach Südamerika ein. Seit 1924 lief sie Häfen in Westindien an. Abgewrackt wurde die RUGIA 1933 in Hamburg.

Foto: Sammlung Rothe

KAISERIN AUGUSTE VICTORIA Hapag / Hamburg
Bauwerft: A. G. »Vulcan«, Stettin /
Baunummer: 264 / 24581 BRT / 14847 NRT /
22500 tdw / 214,9 m Länge / 23,5 m Breite /
2 IV-Exp. / 16000 PS / 17,5 kn / 2 Schr. /
Passagiere: 652 I., 286 II., 216 III., 1845 ZwD /
Besatzung: 593

Der Stapellauf des Schiffes, welches ursprünglich den Namen EUROPA erhalten sollte, war am 29. August 1905. Am 28. April 1906 war es fertiggestellt und konnte der Hamburg-Amerika Linie als zu seiner Zeit größtes Schiff der Welt übergeben werden. Die KAISERIN AUGUSTE VICTORIA gehörte mit ihren maximal 18 Knoten zwar nicht zur Klasse der Schnelldampfer, kam aber als elegantestes deutsches Passagierschiff zu ihrer Jungfernreise von Hamburg nach New York am 10. Mai 1906 in Fahrt.

Von August 1914 bis März 1919 war die KAISERIN AUGUSTE VICTORIA in Hamburg aufgelegt. So überstand sie zwar den ersten Weltkrieg, für die Hamburg-Amerika Linie ging sie aber dennoch verloren. Ende März 1919 mußte sie an den britischen Shipping Controller abgeliefert werden, der das Schiff als Truppentransportschiff dem U. S. Shipping Board übergab. Ein Jahr lang charterte die Cunard Line, Liverpool, die ehemalige KAISERIN AUGUSTE VICTORIA, bevor sie von der Canadian Pacific Railway Co., London, durch Kauf übernommen wurde. Im August 1921 erhielt sie den Namen EMPRESS OF SCOTLAND. Bereits im Dezember 1930 zum Abbruch verkauft, wurde sie 1931 verschrottet.

Foto: Sammlung Rothe

OCEANA Hapag, Hamburg
Bauwerft: Denny Brothers, Dumbarton /
Baunummer: 443 / 7859 BRT / 4089 NRT /
3900 tdw / 155,7 m Länge reg. / 16,6 m Breite /
2 III-Exp. / 8000 PS / 17 kn / 2 Schr. /
Passagiere: 392 I., 24 II. /
Besatzung: 82

Im Auftrag der Union Line, Southampton, lief am 30. Dezember 1890 in Dumbarton am Firth of Clyde in Schottland die SCOT vom Stapel. Durch Fusion kam das Schiff Anfang 1901 an die Union Castle Line, London. Im Oktober 1905 kaufte die Hamburg-Amerika Linie die SCOT und ließ sie in Belfast zum Kreuzfahrtschiff umbauen. Als OCEANA war das Schiff im April 1906 zu ihrer ersten Kreuzfahrt unterwegs. Zur damaligen Zeit waren die Fahrten nach Norwegen sehr beliebt. Geplant hatte die Hapag, mit der OCEANA in den Wintermonaten zwischen Neapel und Alexandria eine regelmäßige Verbindung aufzunehmen. Speziell dafür wurde ein gut durchdachter Zubringerdienst von Deutschland nach Neapel und von Alexandria nach Kairo eingerichtet. Im Oktober 1906 konnte diese Linie eröffnet werden. Sie brachte jedoch nicht den erwarteten ökonomischen Erfolg. Die Hamburg-Amerika Linie verkaufte daraufhin 1911 die OCEANA an die Bermuda Atlantic S. S. Co., Toronto. Bis zum Abbruch 1927 in Italien wechselte das Schiff 1916 (ALFONSO III) und 1923 (VASCO NUÑEZ DE BALBOA) nochmals Eigner und Namen.

Foto: Sammlung Rothe

KRONPRINZESSIN CECILIE Hapag, Hamburg
Bauwerft: Friedrich Krupp A. G., Germaniawerft, Kiel / Baunummer: 108 / 8689 BRT / 5053 NRT / 7300 tdw / 149,0 m Länge / 16,8 m Breite / 2 IV-Exp. / 6700 PS / 14,5 kn / 2 Schr. / Passagiere: 326 I., 44 II., 915 ZwD / Besatzung: 219

Von der Hamburg-Amerika Linie war für das Schiff eigentlich der Name WITTELSBACH vorgesehen. Am 14. Oktober 1905 lief jedoch die KRONPRINZESSIN CECILIE in Kiel vom Stapel, die am 20. Februar 1906 an die Reederei abgeliefert wurde. Ihre Jungfernreise begann am 14. März 1906 in Hamburg mit dem Ziel Mexiko. Zusammen mit der FUERST BISMARCK gehörte die KRONPRINZESSIN CECILIE zu den wichtigsten und zugleich größten Hapag-Schiffen im Dienst nach Mexiko und Kuba. Die KRONPRINZESSIN CECILIE wurde auch zu Kreuzfahrten eingesetzt. Vor Antritt dieser Kreuzfahrten erhielt sie einen weißen Rumpfanstrich. Am 30. Oktober 1913 rettete die Besatzung des deutschen Schiffes in Nordatlantik die Crew vom Wrack der französischen Bark PATRIE.

Zu Beginn des ersten Weltkrieges befand sich das Schiff, von einer Reise aus den USA zurückkommend, im britischen Hoheitsgebiet. Am 4. August 1914 wurde es in Falmouth (Grafschaft Cornwall) durch Großbritannien beschlagnahmt und als »Dummy-Battleship« PRINCESS unter britischer Flagge in Dienst gestellt. Nach Beendigung des Krieges erhielt 1919 der Shipping Controller das Schiff. Bereedert wurde es durch die Ellerman Lines, Liverpool. 1926 erfolgte der Abbruch der ehemaligen KRONPRINZESSIN CECILIE.

Foto: Sammlung Rothe

NAVARRA Hapag, Hamburg
Bauwerft: A. G. »Vulcan« Stettin /
Baunummer: 266 / 5794 BRT / 3641 NRT /
7030 tdw / 119,2 m Länge reg. / 15,2 m Breite /
1 III-Exp. / 2400 PS / 11,5 kn / 1 Schr. /
Passagiere: 1220 ZwD /
Besatzung: 68

Die NAVARRA lief am 16. Dezember 1905 in Stettin vom Stapel und konnte am 18. April 1906 in Dienst gestellt werden. Nach der Jungfernreise des Schiffes, die es am 28. April 1906 von Hamburg nach Argentinien führte, blieb die NAVARRA hauptsächlich auf dieser Route nach Südamerika im Dienst.

Im August 1914 befand sich das Schiff auf einer Reise zum Hafen Galveston am Golf von Mexiko. Um kein Risiko einzugehen, steuerte die NAVARRA den auf der Fahrtroute befindlichen näheren Hafen Pensacola (Florida) an. Die NAVARRA mußte sich noch im ersten Weltkriegsmonat der Kaiserlichen Marine zur Verfügung stellen. Sie lief Anfang September 1914 ab Pensacola zum vorgeschriebenen Bestimmungsort. Im Oktober ging die NAVARRA als Versorgungsschiff für den Hilfskreuzer KRONPRINZ WILHELM in See. Am 11. November 1914 wurde sie vom britischen Hilfskreuzer ORAMA (12927 BRT) gestellt. Bei Rio de la Plata setzte die Besatzung der NAVARRA ihr Schiff in Brand und versenkte es.

Foto: Hapag-Lloyd AG

CAP VILANO Hamburg-Süd, Hamburg
Bauwerft: Blohm & Voss, Hamburg /
Baunummer: 183 / 9467 BRT / 5609 NRT /
7514 tdw / 145,0 m Länge reg. / 16,8 m Breite /
2 IV-Exp. / 6200 PS / 15 kn / 2 Schr. /
Passagiere: 200 I., 98 III., 302 ZwD /
Besatzung: 166

Die CAP VILANO, am 7. April 1906 vom Stapel gelassen und am 4. August des gleichen Jahres an die Reederei übergeben, gehörte zu den ersten Schiffen der Hamburg-Süd-Amerika Linie, die über 3 Passagierklassen verfügte. Die Jungfernreise von Hamburg zum La Plata trat die CAP VILANO am 25. August 1906 an. Ab 1913 stand das Schiff unter dem Kommando von Kapitän Ernst Rolin, der die CAP VILANO auch auf ihrer letzten Reise unter deutscher Flagge, die in Hamburg am 21. Juli 1914 begann, führte. Nach Ausbruch des ersten Weltkrieges lief das Schiff mit 600 Passagieren an Bord den brasilianischen Hafen Pernambuco (Recife) an, wo die CAP VILANO aufgelegt wurde. Die brasilianische Regierung beschlagnahmte im Juni 1917 die CAP VILANO. Die Besatzung wurde auf einem anderen deutschen Schiff interniert. Die französische Regierung erhielt 1918 die CAP VILANO, die inzwischen den Namen SOBRAL trug. 1923 kaufte die französische Reederei Messageries Maritimes, Marseille, die SOBRAL. Die erste Reise ab Marseille trat das Schiff unter dem Namen GENERAL METZINGER Anfang September 1924 an. Bis zur Indienststellung als Truppentransporter 1940 wurde es nach Ostasien und für Fahrten in den vorderen Orient eingesetzt. Vor Le Havre versenkten deutsche Bombenflugzeuge den Transporter am 11. Juni 1940. 10 Jahre später, nach der Hebung des Wracks, wurde es verschrottet.

Foto: Sammlung Rothe

YORCK NDL, Bremen
Bauwerft: F. Schichau, Danzig /
Baunummer: 772 / 8909 BRT / 5117 NRT /
9700 tdw / 146,55 m Länge / 17,49 m Breite /
2 IV-Exp. / 6500 PS / 15 kn / 2 Schr. /
Passagiere: 108 I., 112 II., 1860 ZwD /
Besatzung: 157

Das Doppelschraubenschiff YORCK wurde nach erfolgtem Stapellauf am 10. April 1906 im November des gleichen Jahres in Dienst gestellt. Die YORCK war in fast allen Liniendiensten des Norddeutschen Lloyd im Einsatz.

Am 3. August 1914 lief die YORCK in Yokohama ein, wo sie als Versorger für die Kriegsmarine ausgerüstet wurde. Das Schiff verließ am 4. August den japanischen Hafen, erreichte am 10. August in Pagan (Mariana Islands) das Kreuzergeschwader der Kaiserlichen Marine und blieb bis zum 25. Oktober als Troßschiff in seiner Begleitung. Danach lief die YORCK den chilenischen Hafen Valparaiso an, wo das Schiff im November 1914 interniert wurde.

In Chile lag die YORCK bis 1919. Auf der Grundlage des »Columbus«-Abkommens brauchte das Schiff nicht abgeliefert zu werden; es blieb also dem Lloyd erhalten. Ähnlich anderer internierter deutscher Schiffe hatte auch die Besatzung der YORCK während der Internierung die Maschine des Schiffes zerstört. Die YORCK mußte deshalb 1920 nach Europa geschleppt werden. Nach der Rückkehr wurde sie einsatzklar gemacht und wieder in Fahrt gebracht. Bis 1929 war die YORCK für den Norddeutschen Lloyd im Einsatz. Danach legte die Reederei das Schiff in Bremerhaven auf, und im November 1932 wurde es zum Abbruch an die einstige Bauwerft nach Danzig verkauft und 1933 abgebrochen.

Foto: Sammlung Rothe

Bülow NDL, Bremen
Bauwerft: J. C. Tecklenborg, Geestemünde / Baunummer: 209 / 8965 BRT / 5034 NRT / 7500 tdw / 147,1 m Länge / 17,5 m Breite / 2 IV-Exp. / 6500 PS / 15 kn / 2 Schr. / Passagiere: 108 I., 106 II., 1830 ZwD / Besatzung: 194

Die Bülow wurde am 21. April 1906 in Geestemünde vom Stapel gelassen und am 22. September des gleichen Jahres der Reederei übergeben. Noch im September 1906 trat sie ihre Jungfernreise an. Das Schiff kam in der Folgezeit nicht auf einer festen Linie zum Einsatz, sondern fuhr, wenn es erforderlich war, in den Fernen Osten, nach Australien und nach Südamerika. Außerdem wurde die Bülow im Nordatlantik-Dienst eingesetzt.

Um der Beschlagnahme zu entgehen, lief die Bülow im August 1914 das neutrale Portugal an, wo sie am 3. August in Lissabon aufgelegt wurde. Im gleichen Hafen beschlagnahmte die portugiesische Regierung am 23. Februar 1916 die Bülow und brachte sie als Tras os Montes unter portugiesischer Flagge im Kolonial-Dienst in Fahrt. Die Cia. Nacional de Navegacao, Lissabon, kaufte 1927 das Schiff und setzte es, umbenannt in Nyassa, in seinem Dienst ein. 1951 wurde die Nyassa in Großbritannien abgewrackt.

Foto: Sammlung Rothe

KÖNIG FRIEDRICH AUGUST Hapag, Hamburg
Bauwerft: Blohm & Voss, Hamburg /
Baunummer: 184 / 9462 BRT / 5590 NRT /
7600 tdw / 145,0 m Länge / 16,8 m Breite /
2 IV-Exp. / 6200 PS / 15 kn / 2 Schr. /
Passagiere: 296 I., 56 II., 700 ZwD /
Besatzung: 208

Am 3. Juli 1906 lief die KÖNIG FRIEDRICH AUGUST in Hamburg vom Stapel und konnte bis zum Oktober des gleichen Jahres fertiggestellt werden. Ihre Jungfernreise begann am 26. Oktober 1906 in Hamburg und führte sie nach Südamerika. Bis zum ersten Weltkrieg erfolgte ihr Einsatz hauptsächlich im Südatlantik, gelegentlich machte sie aber auch Fahrten im Nordatlantik-Dienst.

Von August 1914 bis zur Ablieferung an den Shipping Controller im Jahre 1919 lag die KÖNIG FRIEDRICH AUGUST in Hamburg. Die Canadian Pacific Railway Co., London, kaufte das Schiff am 6. November 1920 und nannte es MONTREAL. Von 1921 bis etwa 1926 war die MONTREAL im Dienst von London nach Kanada. Im Mai 1927 wurde sie in Southend (Großbritannien) aufgelegt. Durch Kauf kam das Schiff am 4. Mai 1928 an die Cyprienne Fabre, Marseille, die es, umbenannt in ALESIA, auf der Route Marseille–New York in Dienst stellte. Im Herbst 1931 wurde die ALESIA in Marseille aufgelegt und 1933 in Italien abgewrackt.

Foto: Sammlung Rothe

HOHENSTAUFEN Hapag, Hamburg
Bauwerft: Bremer Vulkan, Vegesack /
Baunummer: 485 / 6489 BRT / 4085 NRT /
7480 tdw / 131,0 m Länge / 16,0 m Breite /
1 IV-Exp. / 3400 PS / 13 kn / 1 Schr. /
Passagiere: 64 I., 1100 ZwD /
Besatzung: 110

Am 18. August 1906 lief die HOHENSTAUFEN vom Stapel; am 11. Oktober des gleichen Jahres wurde sie in Dienst gestellt. Ihre Jungfernreise begann am 20. Oktober 1906 mit dem Ziel Ostasien. In den folgenden Jahren blieb sie jedoch nicht im Ostasien-Dienst, sondern kam auf der Route Hamburg–Brasilien zum Einsatz.

Im August 1914 blieb die HOHENSTAUFEN in Brasilien. In Rio de Janeiro aufgelegt, wurde sie nach dem Kriegseintritt Brasiliens am 1. Juni 1917 von der brasilianischen Regierung beschlagnahmt und als CUYABA unter brasilianischer Flagge in Dienst gestellt. Die CUYABA, 1927 vom Lloyd Brasileiro, Rio de Janeiro, übernommen, blieb bis 1964 in Fahrt. Die ehemalige HOHENSTAUFEN wurde in Brasilien abgewrackt.

Foto: Sammlung Kludas

KRONPRINZESSIN CECILIE NDL, Bremen
Bauwerft: A. G. »Vulcan«, Stettin /
Baunummer: 267 / 19360 BRT / 6584 NRT /
215,3 m Länge / 21,9 m Breite /
4 IV-Exp. / 40000 PS / 23 kn / 2 Schr. /
Passagiere: 742 I., 326 II., 740 III. /
Besatzung: 602

Dieser vierte Schnelldampfer des Norddeutschen Lloyd war zugleich der letzte Schnelldampfer, der 4 Schornsteine besaß. Die KRONPRINZESSIN CECILIE wurde am 1. Dezember 1906 vom Stapel gelassen, am 28. Juli 1907 fertiggestellt und verließ am 6. August Bremerhaven zur Jungfernreise nach New York.

Auf der Nordatlantik-Route, mit 1216 Passagieren, Gold- und Silberbarren sowie Münzen im Wert von etwa 15 Millionen Dollar an Bord, verließ die KRONPRINZESSIN CECILIE am 28. Juni 1914 New York mit Kurs Bremerhaven. Als Kapitän Polack die Nachricht vom bevorstehenden Kriegsausbruch erhielt, ging er sofort auf Gegenkurs und ließ den Anstrich der 4 Schornsteine ändern, um der Gefahr, aufgebracht zu werden, zu entgehen. Die KRONPRINZESSIN CECILIE lief zuerst nach Bar Habour im US-Bundesstaat Maine, verholte aber später nach Boston, wo sie interniert wurde. Nach dem Kriegseintritt der USA von der US Navy beschlagnahmt, setzte diese den ehemaligen Schnelldampfer als Transporter unter dem Namen MOUNT VERNON ein.

An Bord der MOUNT VERNON befanden sich neben der Besatzung etwa 1400 Verwundete, als sie am 5. September 1918 vom deutschen U-Boot U 82, 200 Seemeilen westlich von Brest, torpediert wurde.

Sie machte nach diesem Angriff noch einige Fahrten zwischen Frankreich und den USA. Ende 1919 aufgelegt, gab es verschiedene Projekte für den erneuten Einsatz als Passagierschiff und den Umbau zum Motorschiff, die jedoch nicht realisiert werden konnten. Die ehemalige KRONPRINZESSIN CECILIE wurde 1924 zusammen mit dem ehemaligen Schwesterschiff KAISER WILHELM II. in der Chesapeake Bay aufgelegt. Die Bostoner Iron & Metal Co. in Baltimore verschrottete den Schnelldampfer.

Foto: Sammlung Grima

KÖNIG WILHELM II. Hapag, Hamburg
Bauwerft: A. G. »Vulcan«, Stettin /
Baunummer: 271 / 9410 BRT / 5764 NRT /
7200 tdw / 149,8 m Länge / 16,76 m Breite /
2 IV-Exp. / 7800 PS / 15,5 kn / 2 Schr. /
Passagiere: 325 I., 48 II., 700 ZwD /
Besatzung: 217

Die KÖNIG WILHELM II. hatte am 23. März 1907 ihren Stapellauf und wurde am 14. Juli 1907 an die Reederei abgeliefert. Die Jungfernreise des Schiffes begann am 30. Juli 1907 in Hamburg mit dem Ziel La-Plata-Häfen. Von 1907 bis 1914 setzte die Reederei die KÖNIG WILHELM II. vor allem nach Mittel- und Südamerika, selten im Nordatlantik-Dienst ein. Zu Beginn des ersten Weltkrieges befand sich die KÖNIG WILHELM II. in New York, wo sie am 3. August 1914 interniert wurde. Nach Kriegseintritt der USA wurde sie am 4. April 1917 vom U. S. Shipping Board beschlagnahmt und später, umbenannt in MADAWASAKA, als US Navy-Transporter in Dienst gestellt. Im September 1919 übernahm die US Army dieses Schiff. Im Juni 1922 erhielt es den Namen GENERAL ULYSSES S. GRANT und gehörte, bis zum erneuten Einsatz als Truppentransporter AP 29 GRANT im Juni 1941, zur Reserveflotte der US Army. Nach Beendigung des zweiten Weltkrieges wurde das Schiff 1946 in Seattle aufgelegt und 1947 abgewrackt.

Foto: Sammlung Dekker

Prinz Friedrich Wilhelm NDL, Bremen
Bauwerft: J. C. Tecklenborg AG, Geestemünde / Baunummer: 211 / 17082 BRT / 9840 NRT / 11500 tdw / 186,8 m Länge / 20,8 m Breite / 2 IV-Exp. / 13000 PS / 17 kn / 2 Schr. / Passagiere: 425 I., 338 II., 1755 ZwD / Besatzung: 400

Die Prinz Friedrich Wilhelm lief am 21. Oktober 1907 vom Stapel, wurde am 30. Mai 1908 fertiggestellt und machte am 6. Juni 1908 ihre Jungfernreise von Bremerhaven nach New York. Das Schiff, das sich im August 1914 auf einer Norwegen-Kreuzfahrt befand, suchte beim Ausbruch des ersten Weltkrieges Schutz in Odda am Hardangerfjord. Dort blieb es bis 1916. Als es versuchte, nach Deutschland zu gelangen, strandete die Prinz Friedrich Wilhelm in dänischen Hoheitsgewässern.

Nach erfolgter Bergung der Prinz Friedrich Wilhelm wurde sie bis 1919 in Kiel aufgelegt und mußte im März 1919 an Großbritannien abgeliefert werden. Nach einigen Fahrten als Truppentransporter für die US Navy chartert Anfang 1920 die Canadian Pacific Railway Co., London, das Schiff für den Einsatz auf der Linie Liverpool–Quebec. Nachdem diese Reederei die Prinz Friedrich Wilhelm 1921 durch Kauf erworben hatte, ließ sie das Schiff überholen. Im August 1921 erhielt sie den Namen Empress of China, im Oktober des gleichen Jahres wurde sie jedoch in Empress of India umbenannt. Als Montlaurier blieb sie auch weiterhin zwischen Großbritannien und Kanada im Dienst. Aufgrund eines Ruderschadens strandete das Schiff am 26. Februar 1925 vor Queenstown (Cobh, Grafschaft Corcaigh, Irland). Es gelang, das Schiff zu bergen und nach Liverpool zu schleppen. Nach Beendigung der Reparaturen erhielt es im Juni 1925 den Namen Monteith. Als Montnairn machte es noch verschiedene Reisen von Europa nach Kanada, bevor es 1930 in Genua abgewrackt wurde.

Foto: Sammlung Rothe

SANTA MARIA Hamburg-Süd, Hamburg
Bauwerft: Flensburger Schiffsbau-Gesellschaft /
Baunummer: 276 / 7401 BRT / 4752 NRT /
8300 tdw / 129,9 m Länge / 16,9 m Breite /
1 IV-Exp. / 2500 PS / 11 kn / 1 Schr. /
Passagiere: 1200 ZwD /
Besatzung: 48

Die SANTA MARIA gehörte zu den typischen Auswandererschiffen, die über keinen besonderen Reisekomfort verfügten. Das Schiff lief am 5. November 1907 in Flensburg vom Stapel und wurde am 22. Dezember an die Reederei abgeliefert. Am 5. Januar 1908 begann für die SANTA MARIA die Jungfernreise, die sie von Hamburg nach Rosario führte. Sie blieb bis zum ersten Weltkrieg auf dieser Linie nach Südamerika.

Nach Kriegsausbruch befand sich das Schiff in einem chilenischen Hafen, wo es im August 1914 aufgelegt wurde. Nachdem 1918 die Maschine des Schiffes von der Besatzung zerstört wurde, besetzten chilenische Soldaten die SANTA MARIA. Auf Anordnung der Alliierten mußte das Schiff 1920 nach Hamburg überführt werden, was nur im Schlepp möglich war. Nach erfolgter Reparatur erhielt der Shipping Controller am 6. April 1922 die SANTA MARIA. Trotz der Ablieferung hatte das Schiff den Liegeplatz in Hamburg nicht verlassen. Die Hamburg-Süd kaufte die SANTA MARIA am 22. April 1922 zurück und gab ihr den Namen VILLAGARCIA. 1932 wurde die VILLAGARCIA zum Abbruch nach Kiel verkauft.

Foto: Hamburg-Süd

DERFFLINGER NDL, Bremen
Bauwerft: F. Schichau, Danzig /
Baunummer: 801 / 9144 BRT / 5148 NRT /
9830 tdw / 146,75 m Länge / 17,49 m Breite /
2 IV-Exp. / 6600 PS / 14,5 kn / 2 Schr. /
Passagiere: 104 I., 104 II., 148 III.,
etwa 1500 ZwD /
Besatzung: 188

Die zur Feldherren-Klasse gehörende DERFFLINGER lief am 9. November 1907 in Danzig vom Stapel und konnte am 4. Mai 1908 vom Norddeutschen Lloyd in Dienst gestellt werden.

Die Reederei hatte die zur Feldherren-Klasse gehörenden Schiffe speziell für den Einsatz in tropischen Gebieten bauen lassen. Die DERFFLINGER war zwischen Bremerhaven und australischen sowie fernöstlichen Häfen im Einsatz. Für eine Reise von Bremerhaven nach Sydney, über eine Entfernung von etwa 11700 Seemeilen also, benötigte die DERFFLINGER 30 bis 35 Tage.

Bei Ausbruch des ersten Weltkrieges befand sich das Schiff im Suezkanal, wo es am 3. August 1914 von Großbritannien beschlagnahmt wurde. Umbenannt in HUNTSGREEN bereederte die O. Gross Ltd., London, das Schiff bis zum Rückkauf durch den Norddeutschen Lloyd im Jahre 1923. Wieder als DERFFLINGER blieb es bis 1933 im Einsatz. In Bremerhaven wurde es 1933 abgewrackt.

Foto: Sammlung Rothe

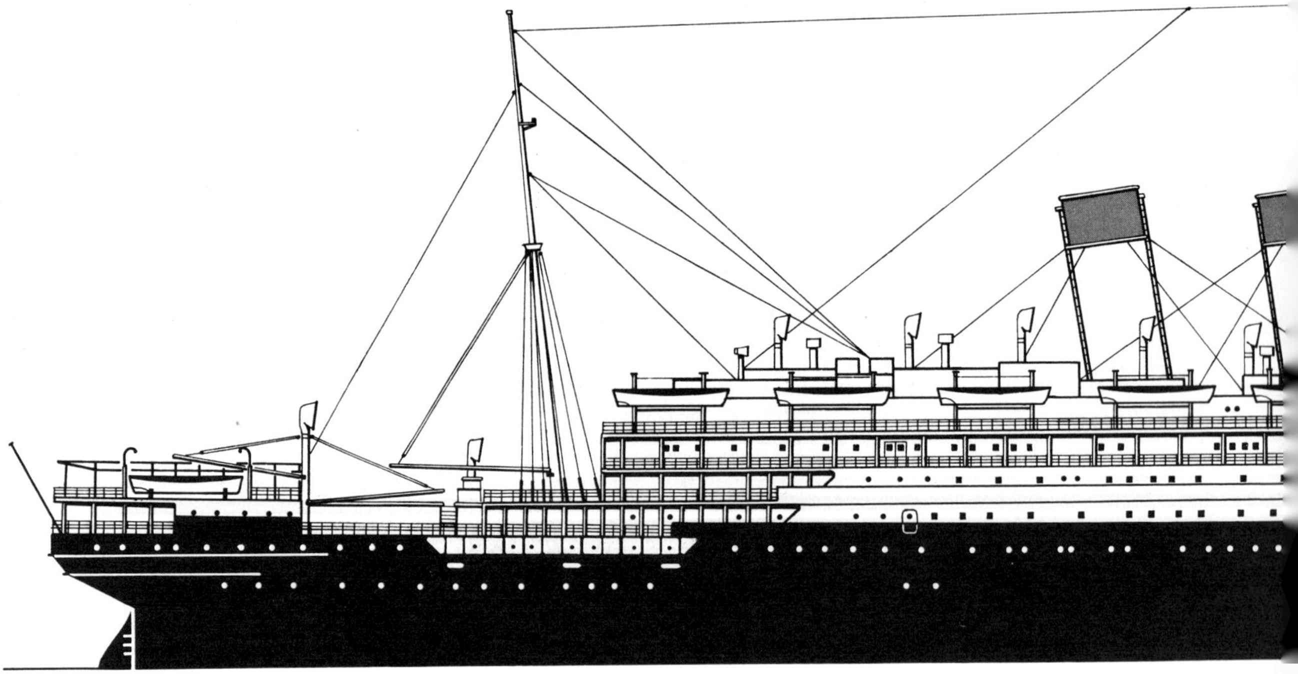

AMERIKA

CAP FINISTERRE

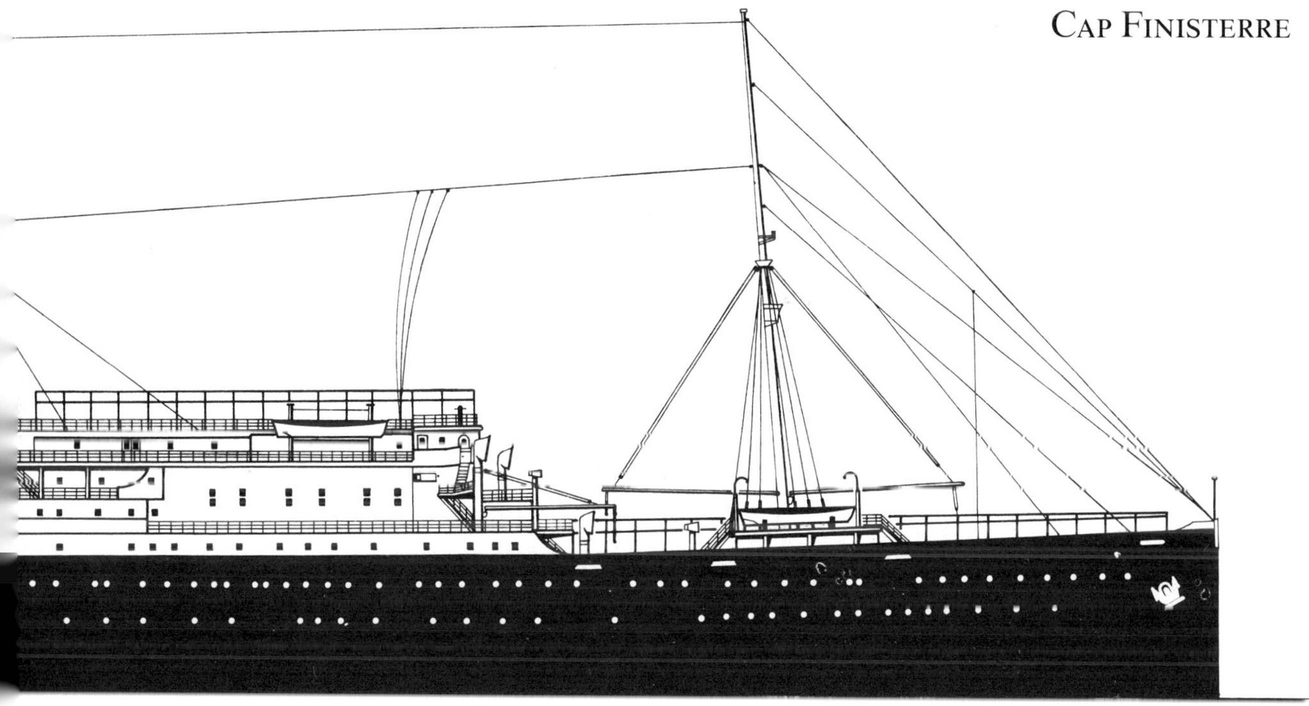

SANTA ELENA Hamburg-Süd, Hamburg
Bauwerft: Blohm & Voss, Hamburg /
Baunummer: 196 / 7415 BRT / 4732 NRT /
8261 tdw / 131,4 m Länge / 16,7 m Breite /
1 IV-Exp. / 11 kn / 3000 PS / 1 Schr. /
Passagiere: 1198 ZwD /
Besatzung: 51

Die SANTA ELENA wurde am 16. November 1907 vom Stapel gelassen. Die Hamburg-Süd übernahm bereits am 21. Dezember des gleichen Jahres das Schiff für den Dienst nach den Häfen Südamerikas. Gleich zu Beginn des neuen Jahres, am 7. Januar 1908, verließ die SANTA ELENA Antwerpen zur Jungfernreise mit dem Ziel Bahia Blanca. Im August 1914 wurde das Schiff von der Kaiserlichen Marine unter dem Kommando von Kapitänleutnant zur See Koppl-stätter übernommen. Bei Blohm & Voss zum Mutterschiff für 3 Wasserflugzeuge umgebaut, erfolgte die Indienststellung am 23. August 1914. Das Schiff hatte die Bezeichnung Fs II. Zur Aufnahme der Wasserflugzeuge waren an Bord der Fs II spezielle Unterbringungsmöglichkeiten geschaffen. Mit Hilfe des bordeigenen Ladegeschirrs wurden die Flugzeuge ausgesetzt und auch wieder an Bord genommen. Der Start erfolgte vom Wasser aus. Nach einem erneuten Umbau 1915 konnte das Schiff 4 Wasserflugzeuge aufnehmen.

Den ersten Weltkrieg überstand die SANTA ELENA ohne Schaden. Die Hamburg-Süd erhielt 1918 das Schiff zurück. Doch bereits am 26. April 1919 mußte es an den Shipping Controller abgeliefert werden. Nach einem kurzen Einsatz als Transporter für die US Navy erhielt die französische Regierung 1920 das Schiff. Nach Ankauf durch die Chargeurs Réunis, Le Havre, kam die SANTA ELENA im Februar 1922 als LINOIS wieder in Fahrt. 1942 beschlagnahmte die italienische Regierung die LINOIS und setzte sie unter der Flagge Italiens als ORVIETO ein. Nach der Kapitulation Italiens wurde die ehemalige SANTA ELENA noch einmal für kurze Zeit ein deutsches Schiff, bis sie am 22. August 1944, beim Rückzug der deutschen Truppen aus Marseille, als Hafensperre versenkt wurde. Nach Beseitigung des Hindernisses konnte das Wrack der ehemaligen SANTA ELENA 1945 verschrottet werden.

Foto: Sammlung Kludas

Corcovado Hapag, Hamburg
Bauwerft: F. Krupp-Germaniawerft, Kiel / Baunummer: 133 / 8099 BRT / 4898 NRT / 8150 tdw / 138,24 m Länge / 16,76 m Breite / 2 IV-Exp. / 4000 PS / 13,5 kn / 2 Schr. / Passagiere: 140 I., 110 II., 1100 ZwD / Besatzung: 136

Die Corcovado lief, wenige Monate vor ihrem Schwesterschiff Ypiranga, am 21. Dezember 1907 in Kiel vom Stapel und konnte am 1. April 1908 von der Hamburg-Amerika Linie in Dienst gestellt werden. Beim Ausbruch des ersten Weltkrieges lag die Corcovado im Hafen von Konstantinopel. Hier wurde sie am 5. August 1914 von der Kaiserlichen Marine requiriert, die sie bis 1917 als Wohnschiff nutzte. Die Türkei, die die Corcovado 1917 übernahm, gab dem Schiff den Namen Sueh.

Nach der Beendigung des Krieges mußte das Schiff an Frankreich abgeliefert werden. Hier erhielt es seinen ursprünglichen Namen zurück. Die französische Regierung verkaufte die Corcovado 1920 an die Soc.Sicula Americana die Nav. nach Italien, die das Schiff in Guglielmo Peirce umbenannte. Ein erneuter Besitzerwechsel erfolgte 1927. Der neue Eigner, der dem Schiff den Namen Maria Christina gab, war der Lloyd Sabaudo, Soc. Anon. per Azioni, Genua. Diese Reederei verkaufte die ehemalige Corcovado 1930 an die Cia. de Nav.Colonial, Lissabon, und erneut wurde der Name des Schiffes geändert. Unter der Flagge Portugals war es als Mouzinho bis zum Abbruch in Savona 1954 im Einsatz.

Foto: Sammlung Rothe

COBURG NDL, Bremen
Bauwerft: Bremer Vulkan, Vegesack /
Baunummer: 510 / 6750 BRT / 4201 NRT /
8150 tdw / 127,40 m Länge / 16,54 m Breite /
1 IV-Exp. / 3300 PS / 11,8 kn / 1 Schr. /
Passagiere: 64 II., 1682 ZwD /
Besatzung: 68

Im Jahre 1908 lief die COBURG, wie auch das Schwesterschiff EISENACH (6757 BRT), vom Stapel. Beide Schiffe wurden 1910 vom Bremer Vulkan an den Norddeutschen Lloyd verkauft. Die Indienststellung der COBURG fand am 15. Januar 1910 statt. Bis zum Beginn des Krieges setzte die Reederei das Schiff im Dienst Bremen–La Plata ein. Die COBURG blieb im August 1914 in Brasilien und wurde in Rio de Janeiro aufgelegt. Die brasilianische Regierung beschlagnahmte am 1. Juni 1917 das Schiff. Als POCONÈ übernahm der Lloyd Brasileiro die ehemalige COBURG. Ihr Heimathafen war Rio de Janeiro. 1927 wurde der Lloyd Brasileiro Eigner des Schiffes. In Lloyd's Register von 1983 ist das Schiff als POCONÈ noch genannt.

Foto: Sammlung Rothe

YPIRANGA Hapag, Hamburg
Bauwerft: F. Krupp-Germaniawerft, Kiel / Baunummer: 134 / 8103 BRT / 4907 NRT / 8060 tdw / 126,25 m Länge / 16,76 m Breite / 2 IV-Exp. / 4000 PS / 13,5 kn / 2 Schr. / Passagiere: 136 I., 126 II., 1050 ZwD / Besatzung: 154

Am 3. Mai 1908 vom Stapel gelassen, fand am 8. August des gleichen Jahres die Übergabe der YPIRANGA an die Hamburg-Amerika Linie statt.

Bis 1914 lief das Schiff, von Hamburg kommend, südamerikanische Häfen an. Von August 1914 bis zur Ablieferung an Großbritannien befand sich die YPIRANGA in Deutschland. Am 2. April 1919 mußte sie dem britischen Shipping Controller übergeben werden. Als ASSYRIA war sie dann bis 1929 für die Anchor Line, Glasgow, im Dienst. Diese schottische Reederei hatte einen Liniendienst nach New York und Ostindien und bediente die Linie New York–Mittelmeerhäfen. 1929 erfolgte der Verkauf an die Cia. de Nav. Colonial, Lissabon, und die Umbenennung in COLONIAL. Das Schiff, noch einmal für kurze Zeit unter britischer Flagge, erhielt 1950 den Namen BISCO 9. Ein Jahr später wurde es abgewrackt.

Foto: Hapag-Lloyd AG

CINCINNATI Hapag, Hamburg
Bauwerft: F. Schichau, Danzig /
Baunummer: 804 / 16339 BRT / 9733 NRT /
11500 tdw / 183,9 m Länge / 19,9 m Breite /
2 IV-Exp. / 9300 PS / 15,5 kn / 2 Schr. /
Passagiere: 246 I., 332 II., 488 III., 1800 ZwD /
Besatzung: 385

Der Stapellauf der CINCINNATI fand am 24. Juli 1908 auf der Werft von Friedrich Schichau in Danzig statt. Im Mai des darauffolgenden Jahres konnte das Schiff an die Hamburg-Amerika Linie übergeben werden. Die Jungfernfahrt der CINCINNATI mit Reiseziel New York begann am 27. Mai 1909 in Hamburg. Eine Besonderheit an Bord der CINCINNATI war die Einrichtung des Speisesaals der I. Klasse. Anstatt einer bisher üblichen langen Tafel waren kleinere Tische für 2, 4 und 6 Personen vorhanden.

Am 21. Mai 1913 lief die CINCINNATI erstmals von Hamburg nach Boston. In diesem Hafen wurde das Schiff im August 1914 interniert und im April 1917 durch die USA beschlagnahmt. Umbenannt in COVINGTON diente die ehemalige CINCINNATI bis zu ihrer Versenkung durch das deutsche U-Boot U 86 am 1. Juli 1918 im Nordatlantik als Transporter der US Navy.

Foto: Sammlung Fuchs

CLEVELAND Hapag, Hamburg
Bauwerft: Blohm & Voss, Hamburg /
Baunummer: 197 / 16960 BRT / 10267 NRT /
11500 tdw / 185,0 m Länge / 19,9 m Breite /
2 IV-Exp. / 9300 PS / 15,5 kn / 2 Schr. /
Passagiere: 239 I., 224 II., 496 III., 1880 ZwD /
Besatzung: 443

Die CLEVELAND, von der Hamburg-Amerika Linie für den Einsatz im Nordatlantik vorgesehen, lief am 26. September 1908 vom Stapel und trat am 27. März 1909, wenige Tage nach ihrer Fertigstellung, ihre Jungfernreise von Hamburg nach New York an. Am 10. Juli 1913 machte die CLEVELAND ihre erste Reise von Hamburg nach Boston. Den ersten Weltkrieg überstand das Schiff ohne Beschädigungen in seinem Heimathafen.

Im März 1919 mußte die CLEVELAND an den Shipping Controller abgeliefert werden, der sie als Truppentransporter und umbenannt in MOBILE für die US Navy in Dienst stellte. Nach kurzer Einsatzdauer in Charter der White Star Line wurde die CLEVELAND an die Byron S. S. Co., London, verkauft und im Oktober 1920 in KING ALEXANDER umbenannt. Bis 1923 war das Schiff zwischen Griechenland und den USA im Einsatz. Danach kam es an die United American Lines, New York, und erhielt wieder den ursprünglichen Namen zurück. Auf ihrer Hamburger Bauwerft stellte man die CLEVELAND auf Ölfeuerung um. Am 21. Oktober 1923 kam sie wieder auf der Linie Hamburg–New-York in Fahrt. Aufgrund der Prohibitionsgesetze der USA (gültig von 1920 bis 1933) wurde die CLEVELAND unter der Flagge Panamas registriert. Die Hamburg-Amerika Linie kaufte im Juli 1926 ihr ehemaliges Schiff zurück und brachte es, bis es 1931 in Hamburg aufgelegt wurde, unter der alten Kontorflagge auf der Linie Hamburg–New-York in Fahrt. Als die CLEVELAND im April 1933 ihrer ehemaligen Bauwerft zum Abwracken übergeben wurde, befand sich das Schiff noch in einem guten Zustand.

Foto: Blohm + Voss AG

BERLIN NDL, Bremen
Bauwerft: A. G. »Weser«, Bremen /
Baunummer: 164 / 17323 BRT / 9834 NRT /
8500 tdw / 186,7 m Länge / 21,3 m Breite /
2 IV-Exp. / 14000 PS / 17,5 kn / 2 Schr. /
Passagiere: 266 I., 246 II., 2700 ZwD /
Besatzung: 410

Das Fracht- und Passagierschiff BERLIN, bestimmt für den Einsatz im Nordatlantik, hatte am 7. November 1908 seinen Stapellauf und wurde am 25. April 1909 fertiggestellt. Ihre Jungfernreise von Bremerhaven nach New York begann am 1. Mai 1909. Danach setzte der Norddeutsche Lloyd die BERLIN von Bremerhaven bzw. von Genua aus nach New York ein. Der Beginn des ersten Weltkrieges unterbrach die friedlichen Fahrten der BERLIN auf dem Nordatlantik.

Am 18. September 1914 stellte die Kaiserliche Marine die BERLIN in ihren Dienst und rüstete das Schiff zum Hilfskreuzer aus. Als Hilfsstreuminenschiff, unter dem Kommando von Kapitän zur See Pfundheller, wurden mit der BERLIN ab Oktober 1914 verschiedene Minenfelder in den Gewässern vor der britischen und irischen Küste gelegt. Da die Heimreise der BERLIN wegen Kohlenmangels unmöglich wurde, lief der Hilfskreuzer am 17. November 1914 den norwegischen Hafen Drontheim (Trondheim) an. Das Schiff wurde entsprechend der Neutralitätsbestimmungen von der Besatzung entwaffnet und interniert. Im Dezember 1919 mußte die BERLIN an Großbritannien abgeliefert werden.

Die Peninsular & Oriental Steam Navigation, London, setzte sie als Truppentransporter ein. Ende 1920 kaufte die White Star Line, Liverpool, das Schiff, ließ es umbauen und nannte es 1921 ARABIC. Die ARABIC blieb von 1921 bis 1931 im Nordatlantik-Dienst; in der Zeit von 1926 bis 1930 in Charter der Red Star Line, Antwerpen. Im Dezember 1931 verkaufte die White Star Line die ehemalige BERLIN an eine Abwrackwerft in Genua.

Foto: Sammlung Rothe

George Washington NDL, Bremen
Bauwerft: A. G. »Vulcan«, Stettin /
Baunummer: 286 / 25 570 BRT / 15 379 NRT /
23 000 tdw / 220,2 m Länge / 23,8 m Breite /
2 IV-Exp. / 20 000 PS / 18,5 kn / 2 Schr. /
Passagiere: 568 I., 435 II., 455 III., 1 230 ZwD /
Besatzung: 585

Nach dem Stapellauf am 10. November 1908 wurde die George Washington am 2. Juni 1909 fertiggestellt. Ihre Jungfernreise führte sie 10 Tage später von Bremerhaven nach New York. Bis zum Beginn des ersten Weltkrieges im Nordatlantik eingesetzt, wurde das Schiff im August 1914 in New York aufgelegt und im April 1917 von den USA beschlagnahmt. Die George Washington war bis zur Beendigung des ersten Weltkrieges als Transporter für die US Navy in Fahrt. Danach übernahm die US Army das große Schiff für den Rücktransport von Truppen aus Europa. Als das Schiff im Januar 1920 in Boston aufgelegt wurde, bedurfte es einer dringenden Überholung. Ende Januar 1920 an die US Mail Lines, New York, verchartert, wurde es in New York überholt und umgebaut. Im August 1921 fuhr die George Washington wieder von New York nach Bremerhaven. Sie blieb auch auf dieser Linie, nachdem sie kurze Zeit darauf von der United States Lines übernommen wurde. Von 1931 bis 1940 aufgelegt, war sie für kurze Zeit noch einmal für die US Navy als Caltin eingesetzt. Als sie 1941 dem britischen Ministry of War Transport überlassen wurde, führte sie wieder ihren ehemaligen Namen. 1942 erhielt die US Maritime Commission die George Washington zurück. Zu diesem Zeitpunkt erhielt das Schiff Ölfeuerung, ein Schornstein wurde entfernt und einige Umbauten wurden vorgenommen. Nach diesen Veränderungen transportierte die George Washington wieder amerikanische Truppen. Nachdem sie von einem Feuer stark beschädigt wurde, legte man sie 1947 in Baltimore auf. Bei einem erneuten Brand im Januar 1951 erlitt die George Washington so erhebliche Zerstörungen, daß ein Wiederaufbau unrentabel gewesen wäre. Sie wurde nach dem Brand verschrottet.

Foto: Sammlung Rothe

CAP FINISTERRE Hamburg-Süd, Hamburg
Bauwerft: Blohm & Voss, Hamburg / Baunummer: 208 / 14 503 BRT / 8 794 NRT / 8 000 tdw / 180,0 m Länge / 19,9 m Breite / 2 IV-Exp. / 10 600 PS / 16,5 kn / 2 Schr. / Passagiere: 297 I., 222 II., 870 III. / Besatzung: 300

Die CAP FINISTERRE lief am 8. August 1911 bei Blohm & Voss in Hamburg vom Stapel und wurde am 8. November 1911 an die auftraggebende Reederei abgeliefert. Neben zahlreichen Neuerungen besaß die CAP FINISTERRE einen großen, durch zwei Decks hindurchgehenden Speisesaal, der die Festigkeit des Schiffes in den Längs- und Querverbänden nicht gefährdete. Die CAP FINISTERRE verließ Hamburg am 2. Dezember 1911 zu ihrer Jungfernreise in Richtung La-Plata-Häfen. Das Schiff war noch etwa $2^1/_2$ Jahre auf Rundreisen von Hamburg nach Südamerika eingesetzt, bis der erste Weltkrieg weitere Reisen verhinderte. Aufgelegt in Hamburg überdauerte die CAP FINISTERRE den Krieg. Am 4. April 1919 an die USA abgeliefert, wurde aus der CAP FINISTERRE ein Transporter der US Navy. Im November des gleichen Jahres bereederte die Orient S. N. Co, London, das Schiff für den Shipping Controller. 1920 an Japan übergeben, kam es 1921 an die Toyo Kisen K. K., Tokio, als TAIYO MARU für den Dienst zwischen Yokohama und San Francisco. Das ehemalige deutsche Schiff aus Hamburg war zu jener Zeit größtes Schiff unter japanischer Flagge. Im Dezember 1941 lief die TAIYO MARU in Richtung Pearl Harbour aus, um die Route für den japanischen Angriffsverband zu diesem wichtigen Flottenstützpunkt der USA auf den Hawaii-Inseln zu erkunden. Am 8. Mai 1942 wurde die TAIYO MARU im Pazifik vom Unterseeboot GRENADIER der US Navy durch Torpedotreffer versenkt.

Foto: Blohm + Voss AG

Bahia Blanca Hamburg-Süd, Hamburg
Bauwerft: Reiherstiegwerft, Hamburg /
Baunummer: 444 / 9349 BRT / 5863 NRT /
11506 tdw / 155,5 m Länge / 18,1 m Breite /
2 III-Exp. / 4300 PS / 12,5 kn / 2 Schr. /
Passagiere: 108 II., 2300 ZwD /
Besatzung: 81

Die Bahia Blanca war das erste Schiff einer Serie von 4 gleichen Dampfern, die von der Hamburg-Süd für die Ausschiffung von Auswanderern nach Südamerika in Dienst gestellt wurden. Der Stapellauf erfolgte am 30. Dezember 1911. Nach der Fertigstellung am 2. März 1912 schickte die Reederei die Bahia Blanca am 14. März auf ihre Jungfernreise, die sie von Hamburg zum La Plata führte.

Zu Beginn des ersten Weltkrieges befand sich die Bahia Blanca in Argentinien, wo sie im August 1914 in Buenos Aires aufgelegt wurde. Sie blieb auch nach dem Verkauf an die argentinische Regierung am 16. April 1918 zwischen Südamerika und mehreren europäischen Häfen in Fahrt. 1935 benötigte Italien Truppentransporter für seinen Aggressionskrieg gegen Abessinien (Äthiopien). Die »Italia« S. A. N., Genua, kaufte die Bahia Blanca und stellte das Schiff als Truppentransporter unter dem Namen Umbria in Dienst. Ein Jahr später vom Lloyd Triestino, Genua, übernommen, wurde es im Liniendienst zwischen Italien und Afrika eingesetzt. In Port Sudan versenkte die eigene Besatzung vor dem Eintreffen der britischen Truppen die ehemalige Bahia Blanca. Das Wrack konnte später gehoben und verschrottet werden.

Foto: Sammlung Rothe

Buenos Aires Hamburg-Süd, Hamburg
Bauwerft: Bremer Vulkan, Vegesack /
Baunummer: 554 / 9155 BRT / 5767 NRT /
11811 tdw / 155,6 m Länge / 18,0 m Breite /
2 III-Exp. / 4300 PS / 12,5 kn / 2 Schr. /
Passagiere: 110 II., 2200 ZwD /
Besatzung: 77

Der Name Buenos Aires war für dieses Schiff sehr zutreffend, wußte doch die Reederei bereits beim Stapellauf am 2. April 1912, daß die Buenos Aires nach der Indienststellung oft im Hafen der Hauptstadt Argentiniens festmachen würde. Nach der Ablieferung am 10. Mai 1912 machte die Buenos Aires am 21. Mai des gleichen Jahres in Hamburg zu ihrer Jungfernreise nach Buenos Aires die Leinen los. Bis zum ersten Weltkrieg beförderte das Schiff viele Zwischendeckpassagiere, die nach Südamerika auswandern wollten.

Die zur Bahia-Klasse gehörende Buenos Aires gehörte im ersten Weltkrieg zu jener Transportflotte, die ab 18. September 1917 von Libau (Liepāja) aus bei der Besetzung der Insel Ösel (Saatemaa) und der Inseln Dagö (Hiiumaa) und Moon im Rigaischen Meerbusen im Einsatz war. Am 20. Juni 1919 mußte das Schiff an Frankreich abgeliefert werden. Die französische Regierung verkaufte es an die Messageries Maritimes, Marseille. Ende August 1922 lief das Schiff mit veränderten Passagiereinrichtungen – es hatte drei Klassen und dafür keine Zwischendeckplätze – von Marseille über Sydney nach der französischen Kolonie Neukaledonien aus. Im Januar 1936 verkaufte die Reederei die ehemalige Buenos Aires zum Abbruch nach Blyth in Großbritannien.

Foto: Sammlung Rothe

Sierra Ventana NDL, Bremen
Bauwerft: Bremer Vulkan, Vegesack / Baunummer: 559 / 8262 BRT / 4963 NRT / 8850 tdw / 139,59 m Länge / 17,10 m Breite / 2 III-Exp. / 4200 PS / 13 kn / 2 Schr. / Passagiere: 120 I., 80 II., 1150 ZwD / Besatzung: 160

Am 12. Oktober 1912 lief die Sierra Ventana in Bremen vom Stapel. Im Dezember des gleichen Jahres erfolgte die Übergabe an die Reederei sowie die Jungfernreise, die die Sierra Ventana von Bremerhaven nach Südamerika führte. Auf dieser Route blieb sie bis 1914. Im August 1914 übernahm die Kaiserliche Marine das Schiff und ließ es zum Lazarettschiff umrüsten. Um ungehindert im Operationsgebiet fahren zu können, mußten Lazarettschiffe den internationalen Bestimmungen entsprechend kenntlich gemacht werden. Nach den Vorschriften waren Rumpf und Aufbauten weiß zu streichen und parallel zum Oberdeck mit einem grünen Streifen um den Rumpf zu versehen. Ein rotes Kreuz war an den Bordwänden, den Schornsteinen und auf einer Flagge im Topp anzubringen. Im Gegensatz zu den Hilfskreuzern bestand die Schiffsführung und das gesamte Personal aus Zivilpersonen. Auf der Sierra Ventana wurden 332 Krankenbetten aufgestellt und 95 Mann Sanitätspersonal aufgenommen. Hauptaufgabe der Sierra Ventana war die Entlastung der Schiffe und Lazarette im Raum Wilhelmshaven.

Foto: Sammlung Fuchs

Am 19. November 1918 wurde das Schiff an den Norddeutschen Lloyd zurückgegeben. Im Januar 1920 an Frankreich abgeliefert, erhielt es den Namen Alba und kam für die Cie. de Nav. Südatlantique in den Liniendienst Bordeaux–La Plata. Die Chargeurs Réunis kaufte 1936 die Alba und stellte sie als Amerique im Liniendienst Bordeaux–Dakar ein. In Großbritannien wurde das Schiff 1939 abgewrackt.

Foto: Sammlung Rothe

IMPERATOR Hapag, Hamburg
Bauwerft: A. G. »Vulcan«, Stettin (Werk Hamburg) /
Baunummer: 314 / 52117 BRT / 23881 NRT /
277,1 m Länge / 29,9 m Breite /
4 Parsons-Turbinen / 62000 PS / 23 kn / 4 Schr. /
Passagiere: 908 I., 972 II., 942 III., 1770 ZwD /
Besatzung: 1180

Nachdem Kaiser Wilhelm II. das Schiff am 23. Mai 1912 auf den Namen IMPERATOR getauft hatte, lief es am gleichen Tag in Hamburg vom Stapel. Nach seiner Fertigstellung am 22. April 1913 war die IMPERATOR das größte Schiff der Welt. Zur Jungfernreise lief sie am 10. Juni 1913 von Cuxhaven über Southampton und Cherbourg nach New York aus. Bis zum Beginn des ersten Weltkrieges blieb die IMPERATOR im Nordatlantik-Dienst. Im August 1914 legte die Hapag das Schiff für die Dauer des Krieges in Hamburg auf. In dieser Zeit diente die IMPERATOR u. a. zur Ausbildung von weiblichen Heizern. Am 27. April 1919 verließ die IMPERATOR ihren Heimathafen mit dem Ziel Brest, wo sie am 5. Mai 1919 von der US Navy übernommen wurde. Am 15. Mai 1919 lief die IMPERATOR als Truppentransporter der US Navy von Brest in die USA. Bis zum August 1919, als das Schiff in New York aufgelegt wurde, transportierte es auf 6 Reisen rund 12000 Mann von Europa nach den USA. Im Februar 1920 wurde die IMPERATOR Großbritannien zugesprochen und vom Shipping Controller an die Cunard S. S. Co., Liverpool, verchartert, die sie im Februar 1921 kaufte und in BERENGARIA umbenannte. Der neue Besitzer ließ die BERENGARIA auf der Werft von Armstong, Whitworth & Co. in Newcastle umbauen. Nach Abschluß dieser Umbauarbeiten im Mai 1922

Foto: Sammlung Rothe

verfügte die BERENGARIA über Ölfeuerung, hatte 52226 BRT und veränderte Passagiereinrichtungen. Am 3. März 1938 erlitt das Schiff in New York durch einen Brand in mehreren Passagierdecks schwere Beschädigungen, so daß es ohne Passagiere nach Southampton auslaufen mußte, wo es aufgelegt werden mußte. Die Abbrucharbeiten des im November 1938 zum Abwracken verkauften Schiffes mußten im September 1939, bedingt durch den Ausbruch des zweiten Weltkrieges, eingestellt werden. Die restlichen Teile wurden 1946 von Jarrow nach Rosyth in Schottland am Firth of Forth geschleppt und dort verschrottet.

Foto: Sammlung Rothe

Sierra Nevada NDL, Bremen
Bauwerft: A. G. »Vulcan«, Stettin /
Baunummer: 328 / 8235 BRT / 4969 NRT /
8300 tdw / 138,0 m Länge / 17,0 m Breite /
2 III-Exp. / 4200 PS / 13 kn / 2 Schr. /
Passagiere: 115 I., 74 III., 1150 ZwD /
Besatzung: 160

Die vom Norddeutschen Lloyd für den Einsatz nach Südamerika vorgesehene Sierra Nevada lief am 24. August 1912 vom Stapel. Im Dezember des gleichen Jahres erfolgte die Übergabe an die Reederei. Die Sierra Nevada verkehrte vor allem im Liniendienst von Bremerhaven nach den Häfen Brasiliens.

Das Schiff befand sich im August 1914 im brasilianischen Hafen Santos, von dem es den brasilianischen Hafen Pernambuco (Recife, Staat Pernambuco) anlief. Hier wurde es im September 1914 interniert. Nach der Kriegserklärung Brasiliens an Deutschland beschlagnahmte die brasilianische Regierung am 1. Juni 1917 die Sierra Nevada und gab ihr den Namen Bagé. Der Lloyd Brasileiro, der die Bagé 1921 übernahm, setzte sie im Liniendienst zwischen Santos und Häfen in Nordeuropa ein. Das deutsche U-Boot U 185 versenkte das Schiff am 1. August 1943 im Mittelatlantik.

Foto: Sammlung Rothe

SIERRA CORDOBA NDL, Bremen
Bauwerft: A. G. »Vulcan«, Stettin /
Baunummer: 329 / 8226 BRT / 4938 NRT /
8300 tdw / 138,05 m Länge / 17,00 m Breite /
2 III-Exp. / 4200 PS / 13,5 kn / 2 Schr. /
Passagiere: 115 I., 74 III., 1700 ZwD /
Besatzung: 160

Nur wenige Jahre sollte die SIERRA CORDOBA im Südamerika–Dienst für den Norddeutschen Lloyd unterwegs sein. Am 2. November 1912 vom Stapel gelaufen, war das Schiff nach seiner Fertigstellung 1913 nur bis zum August 1914 für den Lloyd in Fahrt.

Als der erste Weltkrieg begann, befand sich die SIERRA CORDOBA in Buenos Aires. Am 16. Oktober 1914 verließ sie diesen Hafen, um sich in den Dienst der Kaiserlichen Marine zu stellen. Nach einem Aufenthalt in Valparaiso im März 1915 wurde das Schiff im gleichen Monat in Callao (Peru) interniert. Am 1. April 1917 beschlagnahmte die peruanische Regierung die SIERRA CORDOBA und nannte sie 1919 in CALLAO um. Nach einem erneuten Besitzerwechsel im Jahre 1922 kam das Schiff für die Dollar Terminal S. S. Co., New York, als RUTH ALEXANDER im Liniendienst New York–San Francisco zum Einsatz. Im zweiten Weltkrieg diente die RUTH ALEXANDER von 1941 bis zu ihrer Versenkung durch japanische Flugzeuge am 31. Dezember 1941 vor Balikpapan als Truppentransporter der US Navy.

Foto: Sammlung Rothe

SIERRA SALVADA NDL, Bremen
Bauwerft: Bremer Vulkan, Vegesack /
Baunummer: 560 / 8227 BRT / 4952 NRT /
8800 tdw / 139,59 m Länge / 17,10 m Breite /
2 III-Exp. / 4200 PS / 13 kn / 2 Schr. /
Passagiere: 116 I., 74 II., 1150 ZwD /
Besatzung: 160

Die SIERRA SALVADA war das letzte Schiff einer Bauserie der Bremer Vulkan-Werft. Schwesterschiffe waren die SIERRA VENTANA, die SIERRA CORDOBA und die SIERRA NEVADA. Am 5. Dezember 1912 lief die SIERRA SALVADA vom Stapel. Der Norddeutsche Lloyd stellte das Schiff am 24. Februar 1913 in den Dienst Bremerhaven–Südamerika. Zum Beginn des ersten Weltkrieges befand sich die SIERRA SALVADA in Rio de Janeiro, wo sie im August 1914 interniert und im Juli 1917 von Brasilien beschlagnahmt wurde. Die brasilianische Regierung stellte das Schiff dem Lloyd Brasileiro zur Verfügung. Als AVARÉ setzte die Reederei es zwischen Brasilien und Hamburg ein. Am 16. Juni 1922 kenterte die AVARÉ im Hamburger Hafen.

Nachdem die brasilianische Reederei auf das Schiff verzichtet hatte, wurde es auf deutsche Rechnung wieder aufgerichtet und repariert. 1923 kaufte der Kaufmann und Reeder Victor Schuppe aus Berlin das Schiff und stellte es als PEER GYNT für Kreuzfahrten in Dienst. Da der erhoffte Gewinn mit der PEER GYNT sich jedoch nicht einstellte, verkaufte Schuppe das Schiff bereits 1924 an eine italienische Reederei, die es in NEPTUNIA umbenannte. 1927 erwarb die Hamburg-Amerika Linie die ehemalige SIERRA SALVADA und brachte sie als OCEANA für Tou-

Foto: Sammlung Rothe

ristenfahrten im Mittelmeer, für Orientreisen sowie für Ostseefahrten zum Einsatz. Die Oceana machte im Januar 1928 ihre erste Reise unter der Flagge der Hamburg-Amerika Linie. Seit dem Jahre 1934 wurde sie als KdF-Dampfer (NS-Organisation »Kraft durch Freude«) genutzt.

Im zweiten Weltkrieg diente sie als Wohnschiff für die deutsche Kriegsmarine. Am 22. Juni 1945 fiel das Schiff an Großbritannien und diente bis zur Übergabe an die Sowjetunion als Empire Tarne der Roal Navy als Wohnschiff. Am 21. Juni 1946 erhielt die Sowjetunion das Schiff und nannte es in Sibir um. Unter sowjetischer Flagge blieb die Sibir noch bis 1963 vor der Pazifikküste im Einsatz. 1963 wurde die ehemalige Sierra Salvada in Wladiwostok abgebrochen.

Foto: Sammlung Rothe

BAHIA CASTILLO Hamburg-Süd, Hamburg
Bauwerft: Reiherstiegwerft, Hamburg /
Baunummer: 446 / 9948 BRT / 6278 NRT /
11565 tdw / 149,9 m Länge / 18,1 m Breite /
2 III-Exp. / 4300 PS / 12,5 kn / 2 Schr. /
Passagiere: 202 II., 2500 ZwD /
Besatzung: 94

Die BAHIA CASTILLO lief als drittes Schiff der Bahia-Klasse am 4. Januar 1913 vom Stapel. Sie wurde am 27. März an die Hamburg-Süd abgeliefert. Am 11. April 1913 legte sie zu ihrer Jungfernreise von Hamburg mit dem Ziel Buenos Aires ab. Nach einigen Rundreisen von Hamburg nach den Häfen Südamerikas verhinderte der erste Weltkrieg den weiteren Einsatz als Passagier- und Handelsschiff. Ende 1917 wurde die BAHIA CASTILLO, gleich der BUENOS AIRES, als Transporter der Kaiserlichen Marine beim Ösel-Unternehmen eingesetzt. Sie diente bei diesem Unternehmen als Flaggschiff des Befehlshaber der Transportflotte.

Am 22. Mai 1919 mußte die BAHIA CASTILLO an den Shipping Controller abgeliefert werden. Sie wurde von Thompson & Co., London, bereedert. Im September 1922 kaufte die Hamburger Reederei A. G. Hugo Stinnes das Schiff, die es unter dem Namen GENERAL BELGRANO im Dienst Hamburg–La Plata einsetzte. Nach erfolgtem Umbau (10056 BRT) hatte die GENERAL BELGRANO Platz für 142 Passagiere in der II. und 543 in der III. Klasse. Am 24. November 1926 erwarb die Hamburg-Amerika Linie die gesamte Stinnes-Flotte und damit auch die GENERAL BELGRANO. Als Hapag-Schiff blieb sie auch weiterhin auf ihrer bisherigen Route im Dienst. In Hamburg wurde die ehemalige BAHIA CASTILLO 1932 abgewrackt.

Foto: Hamburg-Süd

VATERLAND Hapag, Hamburg
Bauwerft: Blohm & Voss, Hamburg /
Baunummer: 212 / 54282 BRT / 23548 NRT /
276,1 m Länge / 30,5 m Breite /
4 Parsons-Turbinen / 60000 PS / 23,5 kn / 4 Schr. /
Passagiere: 752 I., 535 II., 850 III., 1540 ZwD /
Besatzung: 1234

Die VATERLAND, das größte unter deutscher Flagge in Dienst gestellte Passagierschiff, lief am 3. April 1913 in Hamburg vom Stapel. Am 29. April 1914 fertiggestellt, war die VATERLAND auch das größte Schiff der Welt. Am 14. Mai 1914 zu ihrer Jungfernreise von Cuxhaven nach New York ausgelaufen, machte die VATERLAND nur 3 Rundreisen von Hamburg nach New York und zurück. Das Schiff befand sich zum vierten Male in New York, als der Kriegsausbruch in Europa dem weiteren Einsatz der VATERLAND ein vorläufiges Ende setzte. Das Schiff wurde im August 1914 in New York interniert. Die Besatzung beschädigte vor der Beschlagnahme am 4. April 1917 durch die USA die Maschinen und Kessel. Nach erfolgter Reparatur setzte die US Navy die VATERLAND als Transporter ein, der am 6. September 1917 den neuen Namen LEVIATHAN erhielt. Im September 1919 an den U. S. Shipping Board übergeben, lag die LEVIATHAN bis Anfang 1922 in New York auf und wurde im Februar 1922 nach Newport News zur Wiederherstellung für den Einsatz als Passagierschiff verholt. Am 4. Juli 1923, dem Nationalfeiertag der US-Amerikaner, lief die LEVIATHAN mit veränderten Passagiereinrichtungen und erhöhter Durchschnittsgeschwindigkeit zu ihrer ersten Reise für die United States Lines von New York nach Southampton aus. Nach einer Dienstzeit von 15 Jahren als LEVIATHAN wurde das Schiff 1932 aufgelegt, machte 1934 noch einige Reisen nach Southampton, wurde im September des gleichen Jahres erneut aufgelegt und 1937 zum Abbruch nach Großbritannien verkauft. Am 14. Februar 1938 lief die LEVIATHAN in den schottischen Hafen Rosyth ein, wo das Schiff abgebrochen wurde.

Foto: Sammlung Rothe

Foto: Sammlung Gersdorf

Foto: Sammlung Rothe

BAHIA LAURA Hamburg-Süd, Hamburg
Bauwerft: Bremer Vulkan, Vegesack /
Baunummer: 562 / 9970 BRT / 6172 NRT /
11811 tdw / 155,6 m Länge / 18,0 m Breite /
2 III-Exp. / 4300 PS / 12,5 kn / 2 Schr. /
Passagiere: 200 II., 2370 ZwD /
Besatzung: 92

Am 29. April 1913 vom Stapel gelaufen und am 21. Juni des gleichen Jahres an die Reederei abgeliefert, lief die BAHIA LAURA am 11. Juli 1913 zu ihrer Jungfernreise von Hamburg nach Buenos Aires aus. Ihre Fahrten von Hamburg nach den Häfen Südamerikas mußten schon nach relativ kurzer Zeit wieder eingestellt werden. Zusammen mit weiteren 6 Hamburger Schiffen suchte die BAHIA LAURA im August 1914 im neutralen Brasilien Schutz. Hier wurde das Schiff im August 1914 im brasilianischen Hafen Pernambuco (Recife, Pernambuco) aufgelegt.

Nachdem Brasilien Deutschland den Krieg erklärt hatte, beschlagnahmte am 1. Juni 1917 die brasilianische Regierung die BAHIA LAURA und nannte sie in CAXIAS um. Das Schiff gelangte erst wieder 1923 nach Hamburg. Inzwischen in RUY BARBOSA umbenannt, wurde das Schiff vom Lloyd Brasileiro, Rio de Janeiro, vorerst nur bereedert und 1927 von dieser Reederei gekauft. Eingesetzt wurde die RUY BARBOSA auf der Route Brasililen–Hamburg. Nach einer Strandung bei Leixões (Portugal) auf der Rückreise von Hamburg nach Brasilien sank die RUY BARBOSA am 31. Juli 1934.

Foto: Hamburg-Süd

Cap Trafalgar Hamburg-Süd, Hamburg
Bauwerft: A. G. »Vulcan«, Stettin (Werk Hamburg) /
Baunummer: 334 / 18805 BRT / 9854 NRT /
9300 tdw / 186,8 m Länge / 22,0 m Breite /
2 III-Exp., 1 Abdampfturbine / 15000 PS /
17,5 kn / 3 Schr. /
Passagiere: 400 I., 274 II., 900 ZwD /
Besatzung: 346

Das zu seiner Zeit größte Schiff im Dienst von Europa zum südlichen Atlantik lief am 31. Juli 1913 in Hamburg vom Stapel und konnte, am 1. März 1914 fertiggestellt, am 10. März des gleichen Jahres zur Jungfernreise von Hamburg nach Südamerika auslaufen. Am 15. August 1914 wurde die Cap Trafalgar in Buenos Aires durch den dortigen deutschen Marineattaché zum Dienst als Hilfskreuzer verpflichtet. Am 18. August lief das Schiff nach Montevideo aus, um Kohle und Proviant zu übernehmen. Im gleichen Monat wurde die Cap Trafalgar bei den Trinidad-Inseln (Brasilien) mit Hilfe der Armierung des Kanonenbootes Eber zum Hilfskreuzer ausgerüstet. Dabei entfernte man den dritten Schornstein.

Am 31. August 1914 stellte die Kaiserliche Marine die Cap Trafalgar als Hilfskreuzer in ihren Dienst. Am 4. September des gleichen Jahres lief das Schiff zur Führung des Kreuzer-Krieges in Richtung Norden aus. Die geplante Übernahme von Kohlen aus Kohlenschiffen auf der Höhe der Rocas-Insel (Brasilien) konnte nicht durchgeführt werden. Wieder nach Trinidad zurückgekehrt, übernahm der Hilfskreuzer die restlichen Kohlenvorräte von den sich dort noch aufhaltenden Kohlendampfern. Während der Kohlenübernahme näherte sich am 14. September 1914 der britische Hilfskreuzer Carmania (19524 BRT) dem deutschen Schiff. Nach einem etwa zweistündigen Feuergefecht zwischen den beiden Hilfskreuzern sank die Cap Trafalgar.

Die Carmania verließ brennend und erheblich beschädigt den Kampfplatz. Die Überlebenden der Cap Trafalgar wurden vom Dampfer Eleonore Woermann übernommen.

Foto: Sammlung Rothe

COLUMBUS NDL, Bremen
Bauwerft: F. Schichau, Danzig /
Baunummer: 891 / 34551 BRT /
326,0 m Länge / 25,1 m Breite /
2 III-Exp. / 28000 PS / 18 kn / 2 Schr. /
Passagiere: 529 I., 487 II., 1750 III. /
Besatzung: 730

Vor dem Stapellauf am 17. Dezember 1913 taufte die deutsche Kronprinzessin Cecilie das Schiff auf den Namen COLUMBUS. Im August 1914 war die COLUMBUS fast fertiggestellt, als der Bau durch den Beginn des ersten Weltkriegs gestoppt werden mußte.

Entsprechend den Bestimmungen des Versailler Vertrages, der von den 27 Siegerstaaten diktiert und von Deutschland am 28. Juni 1919 in Versailles unterzeichnet wurde, mußte die COLUMBUS an Großbritannien abgeliefert werden.

Von der britischen White Star Line, Liverpool, gekauft und umbenannt in HOMERIC, wurde das Schiff in der Werft von Friedrich Schichau in Danzig unter britischer Kontrolle bis 1922 fertiggestellt. Nach der Ankunft in Southampton im Januar 1922 verließ die HOMERIC am 15. Februar den Hafen Southampton zu ihrer Jungfernreise nach New York. Von Oktober 1923 bis zum März 1924 wurden in der Werft von Harland & Wolff in Belfast verschiedene Umbauten vorgenommen. Nach ihrem Einsatz in der Nordatlantik-Fahrt 1932 war die HOMERIC bis zum Herbst 1935 ausschließlich für Kreuzfahrten eingesetzt. Danach wurde sie aufgelegt und 1936 von der Cunard-White Star Line zum Abwracken verkauft.

Foto: Sammlung Rothe

ADMIRAL VON TIRPITZ Hapag, Hamburg
Bauwerft: A. G. »Vulcan«, Stettin /
Baunummer: 333 / 21498 BRT / 11737 NRT /
7500 tdw / 187,4 m Länge / 22,9 m Breite /
2 Turbinen / 14800 PS / 16,5 kn / 2 Schr. /
Passagiere: 370 I., 190 II., 415 III., 1000 ZwD /
Besatzung: 500

Die Vertreter der Hamburg-Amerika Linie ahnten sicher nicht, daß ihr zukünftiges Schiff für den Südamerika-Dienst, das unter dem Namen ADMIRAL VON TIRPITZ am 20. Dezember 1913 vom Stapel lief, nie unter deutscher Flagge in Fahrt kommen sollte. Der Name wurde bereits im Februar 1914 in TIRPITZ geändert. Beim Beginn des ersten Weltkrieges stellte die Stettiner »Vulcan«-Werft alle weiteren Arbeiten am Schiff ein. Die noch nicht fertige TIRPITZ lag bis Kriegsende am Ostufer der Oder gegenüber der Werft.

Im November 1920 wurde die TIRPITZ auf Reparationskosten fertiggestellt und im Dezember 1920 an Großbritannien abgeliefert. Die britische P & O Line, Liverpool, bereederte das Schiff als Truppentransporter für den Shipping Controller bis zum Kauf durch die Canadian Pacific Railway Co., London, im Juli 1921, die das Schiff in EMPRESS OF CHINA umbenannte. Nach verschiedenen Umbauarbeiten erfolgte im Juni 1922 eine erneute Umbenennung. Als EMPRESS OF AUSTRALIA kam es in den Dienst von Vancouver nach Yokohama. Von 1926 bis zum Juni 1927 wurde das Schiff in Glasgow umgebaut und danach im Liniendienst von Southampton nach Kanada und für Kreuzfahrten eingesetzt. Im September 1939 übergab die Reederei die EMPRESS OF AUSTRALIA dem britischen Ministry of War Transport, das sie als Truppentransporter nutzte. Im Mai 1952 wurde die ex ADMIRAL VON TIRPITZ an die British Iron & Steel Corp. (BISCO) verkauft und noch im gleichen Jahr in Inverkeithing am Firth of Forth in Schottland abgewrackt. Das Bild zeigt das Schiff als EMPRESS OF AUSTRALIA.

Foto: Sammlung Rothe

JOHANN HEINRICH BURCHARD Hapag, Hamburg
Bauwerft: J. C. Tecklenborg AG, Geestemünde / Baunummer: 256 / 19980 BRT / 11134 NRT / 8800 tdw / 187,4 m Länge / 21,9 m Breite / 2 III-Exp. / 1 Abdampfturbine / 15000 PS / 16 kn / 3 Schr. / Passagiere: 315 I., 301 II., 850 ZwD / Besatzung: 480

Nach dem Stapellauf am 10. Februar 1914 wurde die JOHANN HEINRICH BURCHARD am 20. November 1915 fertiggestellt und im Juni des darauffolgenden Jahres – zusammen mit ihrem Schwesterschiff WILLIAM O'SWALD – an den Koninklijke Hollandsche Lloyd, Amsterdam, verkauft. Inzwischen in LIMBURGIA umbenannt, konnten am Abend des 3. Februar 1920 im Kaiserhafen von Bremerhaven die Leinen zur Abreise nach Amsterdam losgemacht werden. Um britischen Interessen zuvorzukommen, kündigte man diese Abreise als Werftprobe- und Abnahmefahrt an. Das Manöver gelang, und die LIMBURGIA traf am 4. Februar im niederländischen Hafen Amsterdam ein.

Wie ihr Schwesterschiff BRABANTIA kaufte die United American Lines, New York, 1922 die LIMBURGIA. Nach einem Umbau erhielt das Schiff den Namen RELIANCE. In Fahrplangemeinschaft mit der Hamburg-Amerika Linie wurde die RELIANCE ab Mai 1922 in den Dienst Hamburg–New York gestellt und gelegentlich auch für Kreuzfahrten genutzt. Die RELIANCE war 1923 unter der Flagge von Panama registriert. Das Schiff blieb als RELIANCE auch nach dem Kauf durch die Hapag, am 27. Juli 1926, weiter im Nordatlantik–Dienst. Es wurden lediglich die Schornsteinfarben geändert, um es wieder als Schiff der Hamburg-Amerika Linie kenntlich zu machen. Ab 1928 war die ehemalige JOHANN HEINRICH BURCHARD nur noch als Kreuzfahrtschiff im Einsatz. Aus ungeklärten Gründen geriet die RELIANCE am 7. August 1938 im Hamburger Hafen in Brand. Sie wurde nach dem Unglück als Wrack aufgelegt und 1941 in Bremerhaven verschrottet.

Foto: Hapag-Lloyd AG

Cap Polonio Hamburg-Süd, Hamburg
Bauwerft: Blohm & Voss, Hamburg /
Baunummer: 221 / 20576 BRT / 9941 NRT /
9300 tdw / 201,8 m Länge / 22,1 m Breite /
2 III-Exp. / eine Abdampfturbine / 16000 PS /
17 kn / 3 Schr. /
Passagiere: 356 I., 250 II., 950 ZwD /
Besatzung: 460

Das erste zivile Dreischraubenschiff in der Werftgeschichte von Blohm & Voss wurde am 25. März 1914 vom Stapel gelassen. Die Fertigstellung als Post- und Passagierschiff für den Verkehr zwischen Hamburg und der Ostküste Südamerikas mußte auf Grund des ersten Weltkrieges zurückgestellt werden. Ende 1914 ließ die Kaiserliche Marine das Schiff zum Hilfskreuzer umbauen. Am 8. Februar 1915 stellte sie die Cap Polonio als Hilfskreuzer Vineta in Dienst. Da die Geschwindigkeit jedoch für den vorgesehenen Verwendungszweck nicht ausreichend war, wurde sie am 14. Februar 1915 der Reederei zurückgegeben. Die Cap Polonio konnte als Passagierschiff 1916 fertiggestellt werden. Das Schiff, das einerseits mit viel Luxus ausgestattet war – neben einem Palmengarten und prachtvollen Sälen gab es besondere Luxuskabinen –, verfügte für die Passagiere der unteren Klassen dagegen nur über Kammern mit einer großen Anzahl von Betten. Am 15. April 1919 mußte die Cap Polonio an Großbritannien abgeliefert werden. Sie wurde vom Shipping Controller an die Union Castle Line verchartert. Als Truppentransporter kam das Schiff für die Rückführung von Truppen nach Indien und Afrika in Fahrt.

Die Hamburg-Süd kaufte am 20. Juli 1921 die Cap Polonio zurück. Sie wurde bei einer Generalüberholung bei Blohm & Voss auf Ölfeuerung um-

Foto: Blohm + Voss AG

gerüstet. Wieder in ihrem alten Glanz kam die Cap Polonio am 16. Februar 1922 zu ihrer ersten Reise nach Südamerika in See. Die Reederei konnte mit diesem Schiff zufrieden sein, denn die Cap Polonio war vor allem bei den zahlungskräftigen Passagieren aus Südamerika ein beliebtes Schiff. Die Weltwirtschaftskrise zwang jedoch die Reederei, die Cap Polonio in Hamburg aufzulegen. Sie wurde ab 1931 nicht wieder in große Fahrt gebracht, sondern 1935 in Bremerhaven verschrottet. Vor dem Abbruch versteigerte man noch Teile der Innenausrüstung.

Foto: Blohm + Voss AG

WILLIAM O'SWALD Hapag, Hamburg
Bauwerft: A. G. »Weser«, Bremen /
Baunummer: 193 / 20200 BRT / 10976 NRT /
8800 tdw / 187,9 m Länge / 22,0 m Breite /
2 III-Exp. / 1 Abdampfturbine / 15000 PS /
16 kn / 3 Schr. /
Passagiere: 355 I., 284 II., 469 III., 855 ZwD /
Besatzung: 450

Nach erfolgtem Stapellauf am 30. März 1914 wurde der weitere Bau des Schiffes gestoppt. Die Hapag verkaufte die WILLIAM O'SWALD am 8. Juni 1916 an den Koninklijke Hollandsche Lloyd nach Amsterdam mit der Vereinbarung, das Schiff nach Beendigung des Krieges zurückzuerhalten. Auf holländische Rechnung wurde es, inzwischen in BRABANTIA umbenannt, in Deutschland fertiggestellt. Die BRABANTIA kam ab 28. Juli 1920 zwischen Amsterdam und den Häfen am La Plata in Dienst. Auf Grund vieler Differenzen zwischen den Niederlanden und Großbritannien – die Siegermächte erkannten den Verkauf an die Niederlande nicht an – wurde die BRABANTIA 1922 für den Dienst im Nordatlantik nach den USA verkauft. Die United American Lines des Harriman-Konzerns nannte das Schiff in RESOLUTE um und schloß mit der Hapag einen Vertrag zur gemeinsamen Wiederaufnahme des Liniendienstes zwischen Hamburg und New York. Am 11. April 1922 lief die RESOLUTE zu ihrer ersten Reise von Hamburg nach New York aus. Sie war in Panama registriert und hatte gelbe Schornsteine mit zwei schmalen blauen Ringen. Am 6. August 1926 kaufte die Hapag die RESOLUTE

Foto: Hapag-Lloyd AG

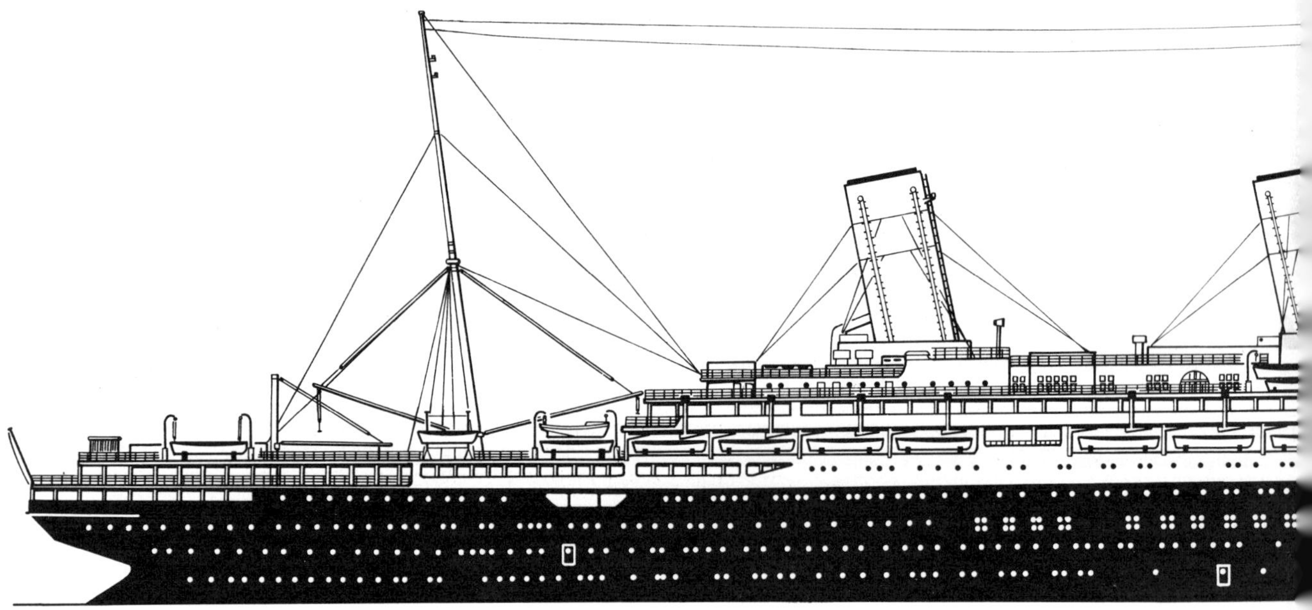

Cap Polonio

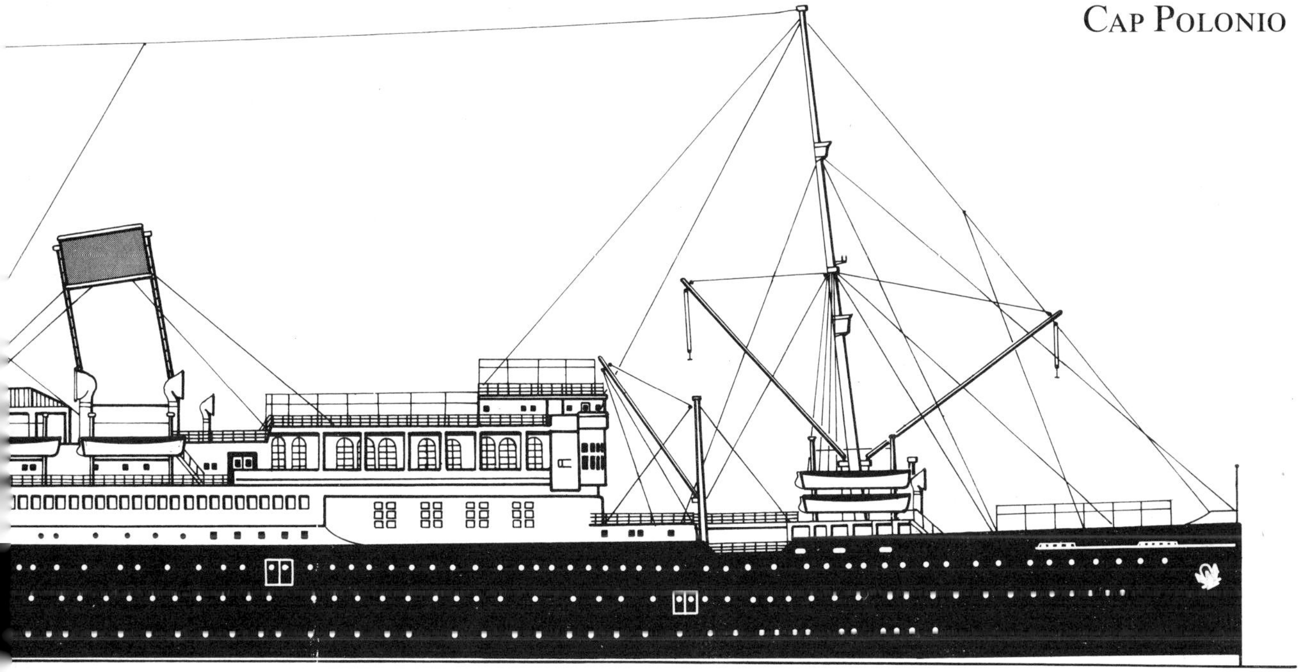

Bismarck

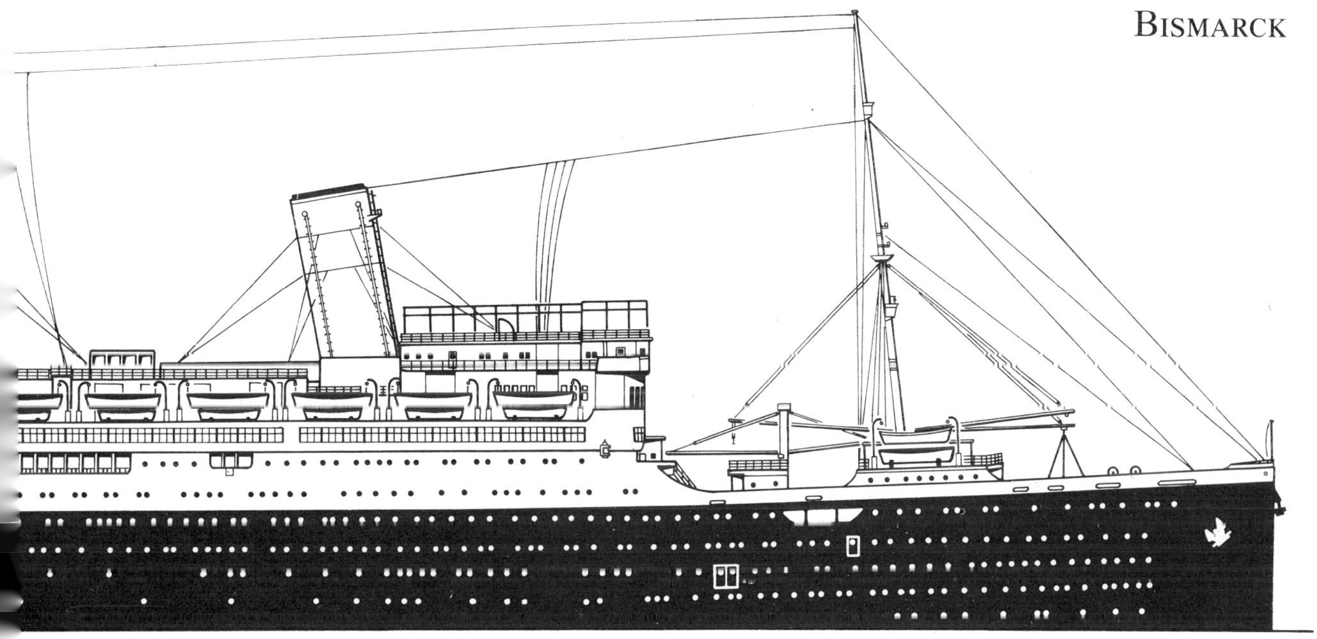

zurück und änderte lediglich die Schornsteinfarben. Ab 1928 machte die RESOLUTE nur noch Kreuzfahrten, und im August 1935 wurde das Schiff an die italienische Regierung verkauft. Es wurde in LOMBARDIA umbenannt und zum Truppentransporter bestimmt. Bei einem alliierten Luftangriff am 4. August 1943 wurde die LOMBARDIA getroffen und sank im Hafen von Neapel. Das Wrack konnte 1946 gehoben werden und kam nach Spanien zum Verschrotten.

Foto: Sammlung Rothe

ZEPPELIN NDL, Bremen
Bauwerft: Bremer Vulkan, Vegesack /
Baunummer: 579 / 14 167 BRT / 8 226 NRT /
11 700 tdw / 173,7 m Länge / 20,5 m Breite /
2 IV-Exp. / 9 500 PS / 15,5 kn / 2 Schr. /
Passagiere: 319 I., 156 II., 342 III., 1 348 ZwD /
Besatzung: 320

Nach erfolgtem Stapellauf am 9. Juni 1914 wurde die ZEPPELIN, trotz des inzwischen begonnenen ersten Weltkrieges, am 21. Januar 1915 fertiggestellt, danach aber für die Dauer des Krieges aufgelegt. Für den Norddeutschen Lloyd konnte die ZEPPELIN nach Kriegsende nicht in Dienst gestellt werden, da das neue Schiff im März 1919 an Großbritannien abgeliefert werden mußte. Vorerst wurde es von der White Star Line für den Shipping Controller bereedert. Nach erfolgtem Verkauf an die Orient S. N. Co., London, und umbenannt in ORMUZ, wurde das Schiff in Großbritannien umgebaut.

Unter britischer Flagge verließ die ORMUZ am 12. November 1921 den Hafen London mit dem Ziel Australien.

Erst im April 1927 zählte das Schiff wieder zur deutschen Handelsflotte. Vom Norddeutschen Lloyd gekauft und in DRESDEN umbenannt, machte es im August 1927 seine erste Reise von Bremerhaven nach New York. Die DRESDEN wurde später vom Lloyd neben den Linienfahrten auch für Kreuzfahrten eingesetzt. Während einer Kreuzfahrt in norwegischen Gewässern lief die DRESDEN am 20. Juni 1934 vor der norwegischen Küste auf Grund und wurde dabei erheblich beschädigt. Das dänische Schiff KONG HAAKON brachte die Passagiere und Besatzungsmitglieder in Sicherheit, denn die DRESDEN erlitt durch die Grundberührung so starke Schäden, daß sie schon am 21. Juni kenterte und sank. Nach erforderlicher Bergung des Wracks erfolgte noch im gleichen Jahr in Stavanger die Verschrottung.

Foto: Sammlung Rothe

Bismarck Hapag, Hamburg
Bauwerft: Blohm & Voss Hamburg /
Baunummer: 214 / 56551 BRT / 26370 NRT /
291,4 m Länge / 30,5 m Breite /
4 Parsonturbinen / 60000 PS / 23,5 kn / 4 Schr. /
Passagiere: 750 I., 545 II., 850 III. /
Besatzung: 1000

Nach dem Stapellauf am 20. Juni 1914 wurden ab August 1914 die weiteren Arbeiten an der Bismarck für die Dauer des ersten Weltkrieges eingestellt. Erst 1919, unter der Kontrolle Großbritanniens, konnten die Arbeiten an der Bismarck wieder aufgenommen werden. Sie waren allerdings im Oktober 1920 durch einen Brand unterbrochen. Vor der Fertigstellung übernahm durch Kauf von der britischen Regierung die White Star Line das im Bau befindliche Schiff, welches am 28. März 1922 abgeliefert werden konnte.

Das größte Schiff der Welt lief noch unter dem Namen Bismarck von Hamburg nach Cuxhaven, wo es am 28. März 1922 übergeben wurde. Im April 1922 erhielt die Bismarck den Namen Majestic. Am 10. Mai 1922 lief sie zu ihrer Jungfernreise von Southampton nach New York aus. Nach fast 14jähriger Dienstzeit als White Star Liner wurde die Majestic im Februar 1936 in Southampton aufgelegt und im Mai zum Abwracken verkauft. Die britische Admiralität hatte jedoch Interesse an dem Schiff und

Foto: Blohm + Voss AG

veranlaßte den Umbau als Schulschiff. Als stationäres Schulschiff und umbenannt in CALEDONIA kam es im Frühjahr 1937 in Rosyth (Schottland) wieder in Dienst. Nach dem Beginn des zweiten Weltkrieges war die CALEDONIA als Transporter für die britische Marine vorgesehen. Dieser Einsatz konnte aber nicht erfolgen, da das Schiff am 29. September 1939 ausbrannte und sank. Am Unglücksort wurde das Wrack 1940 teilweise abgebrochen. Diejenigen Wrackteile, welche sich unterhalb der Wasserlinie befanden, konnten erst nach der Bergung 1943 verschrottet werden.

Foto: Blohm + Voss AG

Literaturverzeichnis

Bücher

Everling, E.: Erfindungen und Fortschritt (Band IV Meer und Luft)

Foss: Marine-Kunde. – Berlin, 1902

Haws, D.: The ships of the Hamburg America, Adler and Carr lines. – Cambridge, 1980

Hessel, M.: Der kapitalistische Konkurrenzkampf in der Seeschiffahrt bei der Jagd um das »Blaue Band« des Nordatlantik (Teil 1). – Rostock, 1983

Hilmer, K.: Geschichte der Hamburg Amerika Linie (Band 1 und 2) – Zum 75 jährigen Jubiläum der Hapag. – Hamburg, 1913

Hughes, T.: De Snelste Oceanreuzen, Strijd om de Blauwe Wimpel. – Bussum, 1974

Kludas, A.: Die deutschen Schnelldampfer, Sonderdruck aus: Deutsches Schiffahrtsarchiv 6/1983

Kludas, A.: Die Schiffe der deutschen Afrika-Linien 1880–1945. – Oldenburg, 1975

Linde, F. W.: Die Hamburg-Amerika Linie. – Berlin, 1910

Mantey, E.: Unsere Marine im Weltkrieg 1914–1918. – Berlin, 1927

Plumridge, J. H.: Hospital Ships and Ambulance Trains. – London, 1975

Prager, H. G.: Blohm + Voss Schiffe und Maschinen für die Welt. – Herford, 1977

Schmelzkopf, R.: Die deutsche Handelsschiffahrt 1888–1918. – Cuxhaven, 1983

Schweiger – Lerchfeld v.: Im Reich der Cyklopen / Die Entwicklung des eisernen Schiffbaus. – Wien 1900

Smith, W.: Passenger Ships of the World. – Boston, 1963

Sönnichen, T. E.: Das Seeamt hat gesprochen / Die Sturmfahrt der Bulgaria. – Berlin, 1938

Trotha, A. v.: Deutsche Seefahrt. – Berlin, 1931

Wall, R.: Ocean Liners. – London, 1978

Wilson, E. A.: Soviet Passenger Ships 1917–1977. – World Ship Society, 1978

Witthöft, H. J.: Hapag/Lloyd. – Herford, 1974

Wölfer, J.: CAP ARCONA / Biographie eines Schiffes, Geschichte einer Reederei. – Herford, 1977

Firmenschriften, Jahrbücher, Register, Zeitschriften

Blohm & Voss Informationen / Blohm & Voss A. G. Hamburg. – Hamburg, 1977

Danzig: F. Schichau Schiffswerft zu Danzig / Senat der Freien Stadt Danzig. – Berlin, 1931

Die Hamburg-Amerika Linie im sechsten Jahrzehnt ihrer Entwicklung 1897–1907 / Hapag. – Hamburg, 1907

Germanischer Lloyd / Internationales Register

Hamburg Südamerikanische Dampfschiffahrtsgesellschaft Eggert & Amsinck 1871–1981 / Hamburg Süd. – Hamburg, 1981

Informationen für Reisende / Deutsche Levante-Linien, Hamburg. – Hamburg, 1909

Jahrbuch für Deutschlands Seeinteressen »Nauticus« 1906–1914

Lloyd's Register of Shipping 1878–1978, 100 years of LR statistics / Statistical Tables. – London, 1978

Schiffahrt International

Schiffbau, 1914–1919

Taschenbuch für Passagiere / Deutsche Ost-Afrika-Linie. – Hamburg, 1914

Turbinen Schnelldampfer IMPERATOR / Hamburg-Amerika Linie. – Hamburg, 1913

Überfahrtsbedingungen Cuba – Mexico vom Oktober 1909 / Hapag. – Hamburg, 1909

Verwendete Abkürzungen

BRT	Bruttoregistertonne (1 BRT = 2,83 m^3)
NRT	Nettoregistertonne
tdw	Tragfähigkeit
Länge	Länge über alles
Länge reg.	Länge laut Register
Breite	Breite auf Spanten
III-Exp.	Dreifach-Expansionsmaschine
IV-Exp.	Vierfach-Expansionsmaschine
PS	Leistung in PS (1 PS = 0,986 HP = 0,736 kW)
kn	Knoten (1 kn = 1,852 km/h) (Angaben in Dienstgeschwindigkeit)
I.	I. Klasse
II.	II. Klasse
III.	III. Klasse
ZwD	Zwischendeck
Schr.	Anzahl der Schiffsschrauben (Propeller)

Verzeichnis der Schiffsnamen

Verzeichnis der Schiffsnamen

Dampfer
LEVIATHAN
59956 Br.-Reg.-Tonnen
Der modernste, grösste und luxuriöseste Ozeandampfer
Die höchsten Leistungen von Wissenschaft, Kapitalkraft und Erfindungsgeist finden in diesem Wunderschiff ihre Verkörperung. Unvergleichliche Bequemlichkeiten in allen Klassen
Erste Reise
nach New York
am 17. Juli 1923
dann 7. August, 28. August usw., alle drei Wochen von Southampton-Cherbourg. Alles Nähere durch die untenstehenden Adressen.
Regelmässige Verbindung
von Bremen über Southampton, Cherbourg nach New York durch die prachtvollen amerikanischen Regierungsdampfer
NÄCHSTE ABFAHRTEN:
George Washington . . . . . 6. Juni 11. Juli
President Roosevelt . . . . . 13. Juni 25. Juli
America . . . . 16. Juni 18. Juli
President Fillmore . . . . . . 21. Juni 26. Juli
President Harding . . . . . 27. Juni 1. Aug.
President Arthur . . . . . 4. Juli 8. Aug.
Abfahrt von Southampton und Cherbourg 1 Tag später
Prosp. u. 64 seit. illustr. „Führer d. d. Verein. Staaten" Nr. 103 kostenfrei
Vorteilhafte Gelegenheit für Güterbeförderung
UNITED STATES LINES
Berlin W 8, Unter den Linden 1
General-Vertretung: Norddeutscher Lloyd, Bremen

Hamburg-Amerika Linie
Reisen um die Welt
mit grossem Ozeandampfer
von M. 2750 aufwärts * 110 Tage

HAMBURG-AMERICAN LINE
S·S·IMPERATOR
WORLD'S LARGEST SHIP
TICKETS FOR SALE HERE.